ÉTUDES
D'HISTOIRE MARITIME

DU MÊME AUTEUR

L'Escadre de l'amiral Courbet. Notes et souvenirs. 1 vol. in-12. Librairie Berger-Levrault et Cie.

L'Escadre de l'amiral Courbet. Notes et souvenirs. Avec illustrations de M. Brossard de Corbigny. 1 vol. in-8º. Librairie Berger-Levrault et Cie.

Les Armements maritimes en Europe. 1 vol. in-12. Librairie Berger-Levrault et Cie.

La Marine royale en 1789. 1 vol. in-12. Librairie Armand Colin. (*Couronné par l'Académie française.*)

La Marine française. Avec illustrations de MM. L. Couturier et F. Montenard. 1 vol. grand in-8º. Librairie Hachette.

Gloires et Souvenirs maritimes. Avec illustrations de M. Paris. 1 vol. grand in-8º. Librairie Hachette.

Au Drapeau! Avec illustrations de M. Julien Le Blant. 1 vol. grand in-8º. Librairie Hachette.

Jean-Gaspard Vence, corsaire et amiral. 1 vol. in-8º. Librairie Baudouin.

La Marine et le Progrès. (En collaboration avec M. G. de Caqueray.) 1 vol. in-12. Librairie Hachette.

ÉTUDES
D'HISTOIRE MARITIME

RÉVOLUTION — RESTAURATION — EMPIRE

PAR

MAURICE LOIR

BERGER-LEVRAULT & CIE, ÉDITEURS

PARIS	NANCY
5, RUE DES BEAUX-ARTS, 5	18, RUE DES GLACIS, 18

1901

ÉTUDES
D'HISTOIRE MARITIME

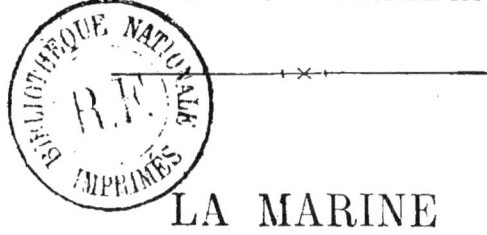

LA MARINE

ET LA

PROCLAMATION DE LA PREMIÈRE RÉPUBLIQUE

Lorsque survint la journée du 10 août 1792, on ne comptait plus dans la marine qu'un très petit nombre d'officiers attachés à l'ancien régime. Encore ces rares fidèles étaient-ils des tièdes ou des craintifs. Tous ceux qu'on pourrait appeler les militants avaient disparu, les uns, les plus nombreux, ayant été grossir les rangs de l'émigration, les autres s'étant retirés ou ayant été destitués, d'autres enfin ayant été jetés dans les prisons, pour aller de là à la mort.

Déjà, le 1er juillet 1791, dans une revue générale passée pour vérifier le personnel, on avait constaté un déficit énorme parmi les officiers provenant des anciennes et aristocratiques compagnies des gardes de la marine. Les deux tiers manquaient à l'appel. Pour les remplacer on fit choix de capitaines de la marine marchande et de maîtres ou sous-officiers de la marine militaire. Mais bientôt de nouvelles défections se produisirent. Beaucoup d'officiers de l'ancien cadre, qui, plus Français que royalistes, étaient jusque-là restés à leur poste, ne tardèrent pas à abandonner la partie, écœurés qu'ils étaient de voir leur autorité méconnue, leur attitude suspectée et l'insurrection des équipages ouvertement encouragée par les toutes-puissantes municipalités des ports[1]. Ces défections furent si nombreuses que dans une nouvelle revue, passée à Brest au commencement de 1792, on constata que, sur 640 officiers attachés à ce département, 361 étaient *absents,* 19 détenus, 28 en instance de retraite, 161 embarqués et seulement 49 présents. Pour combler ces vides, on ouvrit plus largement encore la porte aux marins du commerce.

---

1. Voyez Taine, *Révolution,* t. 1er, p. 421-433.

Ces nouveaux venus appartenaient en immense majorité à la classe populaire et en avaient toutes les idées, toutes les aspirations et aussi toutes les rancunes. Ils occupaient les grades subalternes d'enseignes et de lieutenants de vaisseau. La classe moyenne n'était représentée que par un petit nombre d'anciens officiers, des grades dits intermédiaires (capitaines de brûlot, capitaines de flûte, lieutenants de frégate), de ceux qu'on appelait dédaigneusement naguère les officiers bleus, par opposition aux officiers de noblesse dénommés officiers rouges. Mis à l'écart des hauts grades et des honneurs parce qu'ils étaient sans naissance, ils avaient applaudi au mouvement de 1789 et ils s'étaient rangés parmi les hommes qui avaient, comme on disait alors, adopté les principes de la Révolution. On les trouvait dans les cadres des officiers supérieurs, côte à côte avec quelques représentants de la noblesse qui cachaient soigneusement leurs titres sous l'ardeur d'un zèle plus ou moins sincère [1]. Quant aux matelots, leur esprit bien connu d'indépendance avait fait d'eux, de bonne

---

1. Chabaud-Arnault, *Histoire des flottes militaires.*

heure, des amis enthousiastes de la liberté ; la rigueur de leur dure condition les avait assoiffés d'égalité, et ils étaient devenus très vite d'ardents « patriotes », prêts à témoigner de leur « civisme » en toutes circonstances.

Dans ces conditions la nouvelle de l'internement de Louis XVI au Temple ne devait pas causer grand émoi sur la flotte. Une occasion, d'ailleurs, se présenta bientôt pour la marine de manifester ses sentiments.

Une loi du 14 août avait prescrit à tous les fonctionnaires de prêter un nouveau serment, dont la formule ne contiendrait plus le mot de roi. Les marins n'étaient pas exceptés de cette obligation et devaient jurer, en présence des municipalités, d'être « fidèles à la nation et de maintenir la liberté et l'égalité ou de mourir en les défendant ». Les chefs de la flotte avaient décidé que l'on profiterait de cette prestation de serment pour inaugurer à bord des vaisseaux un « bonnet de la liberté », c'est-à-dire ce bonnet phrygien de couleur rouge qui, depuis le début de la Révolution, servait d'insigne de ralliement aux « patriotes » les plus purs.

Le bonnet rouge devenait, en effet, un emblème officiel par une autre loi du 14 août portant que « le sceau de l'État serait surmonté du bonnet de liberté ». Dès lors les navires devaient être ornés de cet emblème, de ce symbole de l'ère nouvelle qui venait de commencer.

L'escadre de Brest eut la primeur de son installation. Le 23 août, tous ses bâtiments se mirent en fête, tirant dès le matin des salves d'artillerie, pavoisant leurs mâtures et distribuant aux équipages une double ration de vin. De Latouche-Tréville, ou mieux le citoyen Latouche, commandant le *Languedoc*, écrivait le lendemain au ministre Monge que la fête s'était passée « à la satisfaction de tous les vrais amis de la patrie ». Comme il était chef de division, il avait invité à son bord le directoire[1], la municipalité et les chefs de corps. Il rendit compte que ces diverses autorités avaient apprécié l'allégresse des matelots, leur entrain, leur ardeur, et en avaient emporté le plus réconfortant souvenir. « L'équipage, les officiers et moi, disait-il, nous avons prêté le

---

[1]. Le directoire était le conseil des administrateurs du département. L'administration comprenait encore celle du district, puis celle de la municipalité. Le directoire du département, les administrateurs du district et ceux de la municipalité formaient, par leur réunion, ce qu'on appelait les trois corps administratifs.

nouveau serment décrété par l'Assemblée. C'est avec le plus grand plaisir que j'ai l'honneur de vous assurer que tous les officiers et équipages des vaisseaux sont dans les meilleures dispositions, et je fais des vœux pour que tous les corps militaires soient aussi bien disposés que nous le sommes ici à remplir le serment de vivre libres et mourir [1]. »

Si l'on remarque que c'est un ex-comte, un descendant d'une vieille famille de marins, capitaine de vaisseau lui-même depuis 1780, qui parle ainsi, on comprendra quel pouvait être, à cette date, l'*état d'âme* des officiers de la marine, de ceux du moins que les proscriptions n'avaient pas touchés et qui, par ambition, par crainte ou par besoin d'argent (peut-être pour ces trois raisons réunies), s'étaient faits les champions du nouveau régime.

Le bonnet rouge fut officiellement inauguré sur les vaisseaux de Toulon, quelques jours après l'avoir été à Brest. La cérémonie eut autant de pompe et causa la même allégresse dans le Midi que dans le Nord. Les méridionaux, tou-

---

1. *Archives de la marine.*

jours exubérants, ne pouvaient pas faire moins que les Bretons ou les Normands. Leur chef, le contre-amiral Truguet, un ancien officier de la guerre d'Amérique, lui aussi descendant d'une famille de marins (son père était chef d'escadre sous Louis XV), n'avait rien négligé pour que cette inauguration eût un caractère de fête.

Voici quelques extraits très significatifs du singulier procès-verbal que le contre-amiral Truguet rédigea lui-même à l'issue de la cérémonie célébrée sur le *Tonnant,* vaisseau qui portait son pavillon.

« ...A dix heures, les députés des trois corps administratifs, de la Société des Amis de la Constitution, les officiers, marins, soit du *Tonnant,* soit des autres vaisseaux s'étant embarqués, ainsi que nous, dans des canots et chaloupes, avec le bonnet de la liberté, nous nous sommes tous rendus à bord du *Tonnant.* Des bateaux remplis de citoyens nous ont suivis ; les équipages des vaisseaux en rade nous voyant passer devant eux nous ont témoigné par leurs transports d'allégresse, par leurs cris répétés de *Vive la Nation,* l'intérêt qu'ils prenaient à notre fête ; nos canots et nos chaloupes ont exprimé leur sensibilité par les mêmes acclamations.

« Arrivés à bord du *Tonnant*, le bonnet de la liberté a été arboré avec pompe sur le gaillard d'arrière. L'aumônier du vaisseau a célébré la messe, a béni le bonnet de la liberté aux acclamations générales et a fait un discours relatif à la cérémonie.

« Nous avons nous-même fait aux marins la profession publique de nos principes; nous leur avons témoigné les sentiments de fraternité que nous leur portions, notre résolution de verser jusqu'à la dernière goutte de notre sang pour soutenir l'honneur du pavillon national; nous leur avons exposé nos principes qui sont de ne voir en eux que des amis, des frères et des égaux, de n'exiger d'eux la subordination que pour le bien du service, pour le succès de nos opérations, dont le fruit, dans le système précieux de la législation actuelle, doit leur être commun.

« L'équipage, par l'organe d'un de ses membres, nous a donné les témoignages les plus satisfaisants de son attachement à la loi, nous a juré publiquement et par acclamation d'observer dans nos commandements la plus exacte discipline.

« Ce serment a été prononcé au bruit de l'artillerie.

« Les administrateurs du département, du district et de la municipalité, les députés des Amis de la Constitution ont successivement exprimé à l'équipage, par des discours pathétiques et touchants, leur satisfaction sur d'aussi belles dispositions.

« Un banquet avait été préparé. Pendant le repas civique, les officiers, l'équipage, les citoyens présents n'ont cessé d'exprimer leur respect pour le corps législatif. Des chansons agréables, analogues aux circonstances, relatives à la nécessité de maintenir les droits imprescriptibles, qui depuis longtemps étaient le vœu des citoyens, de *vivre unis, de vivre libres ou mourir*, ont égayé la fête. On a juré de nouveau exécration aux tyrans, appui et secours aux amis de la liberté et de l'égalité. Des embrassements respectifs de notre part, de celle des capitaines, officiers, maîtres et matelots ont confirmé la sincérité de ces serments.

« Il y a eu ensuite bal sur le bord, au son des tambourins et de la musique... »

Telles furent les scènes étranges, à la fois religieuses et civiques, qui se passèrent à bord du *Tonnant* le 2 septembre 1792 autour du bonnet de la liberté. Elles valent d'être racontées dans le détail : ces discours, ces appels à la fraternité et à l'égalité, ces embrassements sont faits pour nous éclairer sur les sentiments des marins, lors de la proclamation de la République. La griserie des grands mots dont chacun aimait alors à se servir exerçait son influence sur les chefs eux-mêmes, car Truguet, en terminant ce procès-verbal, n'hésitait pas à s'écrier : « Nous déclarons, d'après les scènes attendrissantes qui se sont reproduites, que la force navale de la France est invincible. » Pauvres illuminés qui croyaient à la puissance magique de certains mots !

En recevant ce compte rendu empreint de lyrisme, le ministre se montra satisfait et ému :

« J'ai lu avec grand intérêt, écrivait-il, le procès-verbal de ce qui s'est passé dans la rade de Toulon, les 2 et 3 septembre, à l'occasion de l'inauguration du bonnet de la liberté à bord du vaisseau commandant et de tous les bâtiments dont le roi vous a confié le commandement. Je me suis hâté d'en adresser copie à l'Assemblée, à qui je n'ai pu laisser ignorer le civisme pur et éclairé dont vous êtes animé, et je ne doute pas qu'elle partage avec moi l'émotion satisfaisante que m'a causée le récit de cette fête, où le zèle et le bon esprit régnaient également[1]. »

A l'exposition navale de Londres, en 1891, on pouvait voir deux de ces bonnets, provenant des dépouilles de deux frégates prises par les Anglais, l'une la *Cléopâtre,* le 19 juin 1793, l'autre l'*Unité,* en 1796. C'étaient de grandes carcasses de fer-blanc mesurant environ 80 centimètres de diamètre, recouvertes entièrement de peinture rouge, avec un gland peint en blanc et une cocarde tricolore sur le côté. D'après les indications du catalogue de cette exposition, ces bonnets se trouvaient en tête de mât; mais telle n'était pas leur place habituelle. Ils formaient en général le principal ornement des dunettes. Parfois ils étaient faits simplement de bois peint en rouge, et se vissaient sur le mât d'artimon, c'est-à-dire au mât le plus voisin de l'arrière, partie noble de tout vaisseau.

C'était assurément *sans-culottiser* la flotte que lui donner un emblème aussi nettement révolu-

---

[1]. *Archives de la marine.*

tionnaire. Mais ce bonnet rouge (dont pourtant Louis XVI avait eu la faiblesse de se coiffer lui-même, lors de l'envahissement des Tuileries au 20 juin) faisait singulière figure à côté des ornements fleurdelisés, répandus à profusion sur nos vaisseaux. Il y avait bien une troisième loi du 14 août qui ordonnait de détruire les « monuments, restes de la féodalité, de quelque nature qu'ils soient, existant dans les lieux publics, même à l'extérieur des maisons particulières[1] ». Dans les ports, on ne s'était pas mis en retard pour exécuter cette loi. Dès la première heure, les écussons, les armoiries, les fleurs de lis qui ornaient les façades des édifices appartenant à la marine avaient été brisés sous les coups de marteau des démolisseurs. Mais, malgré la vive impatience de quelques citoyens, dont le civisme toujours en éveil faisait remarquer que la loi en question visait les ornements des navires, avec leurs couronnes, leurs cordons et leurs autres emblèmes fleurdelisés, on fut obligé d'attendre, pour voir disparaître ces ornements « devenus

---

1. C'était cette même loi qui prescrivait de détruire les statues en bronze pour en faire des canons, les statues étant des monuments « élevés à l'orgueil, au préjugé, à la tyrannie ».

odieux », que la République eût été proclamée.

Comment la marine apprit-elle cette proclamation ?

Le 22 septembre 1792, le ministre adressait au commandant et à l'ordonnateur du port de Brest une longue lettre qui débutait ainsi : « Citoyens fonctionnaires, la Convention nationale vient d'abolir la royauté. Ainsi le peuple souverain peut désormais compter sur le bonheur. Il exige de tous ses agents la plus grande probité et la morale la plus sévère. Vous, citoyens, vous continuerez à maintenir l'ordre et la paix parmi les citoyens, vos égaux, que le bien du service et l'utilité commune vous a subordonnés ; vous les traiterez avec douceur et justice et vous continuerez de me faire parvenir leurs réclamations ; vous entretiendrez avec moi des relations fraternelles, quoique officielles, et nous n'oublierons point que c'est l'argent de la nation qui nous solde, que nous en faisons partie et que nous devons incessamment travailler à sa gloire, à sa sûreté et à son bonheur[1]. »

---

1. *Archives de la marine*, BB², 4.

Dans une autre lettre, adressée aux autorités du port de Toulon, le ministre développait la même idée : le peuple est notre souverain, c'est lui qui nous salarie, c'est pour lui que nous devons travailler. Sa lettre se terminait par cette allusion, en termes pompeux, aux troubles récents qui avaient désolé notre port de la Méditerranée et qui avaient amené le meurtre du commandant de la marine, le comte de Flotte : « Songez qu'après un grand orage qui a purifié l'air des vapeurs méphitiques, les flots de la mer sont encore agités quelque temps par la houle ; mais bientôt le calme renaît, la main d'un pilote habile ne tarde pas à remettre le vaisseau dans sa route. » Puis venait l'ordre de réunir tous les fonctionnaires au pied de l'arbre de la liberté et de leur lire les décrets de la Convention nationale « en déployant tout l'éclat et toute la joie que cette résolution inspire à tous les bons Français ».

Le 29 septembre, une circulaire ministérielle fut envoyée aux chefs des ports, pour les informer que la Convention, après avoir « signalé son début dans la carrière législative par l'abolition de la royauté », avait prescrit de détruire tout ce qui pouvait en rappeler le souvenir. En conséquence, elle commençait par débaptiser ceux des navires qui portaient des noms à l'allure monarchique, et elle leur donnait en échange des noms « civiques » : le *Royal-Louis* devait s'appeler le *Républicain* ; le *Diadème*, le *Brutus* ; le *Sceptre*, la *Convention* ; la *Couronne*, le *Ça-Ira* ; le *Dauphin-Royal*, le *Sans-Culotte* ; les *Deux-Frères*, le *Juste* ; le *Duc-de-Bourgogne*, le *Peuple* ; le *Duc-de-Chartres*, le *Coureur* ; le *Maréchal-de-Castries*, le *Corsaire* ; le *Lis*, le *Tricolore* ; le *Dictateur*, la *Liberté*.

Le ministre avait eu soin d'ajouter que ces changements de noms se feraient avec solennité : on profiterait de l'occasion pour organiser dans les ports une grande fête civique, à laquelle tout le peuple prendrait part.

De Rochefort, cependant, il vint une pétition assez inattendue. Les citoyens Le Dall-Tromelin et Chalot, l'un commandant, l'autre ordonnateur du port, de concert avec le corps municipal, proposaient de conserver les fleurs de lis qu'ils considéraient « comme les attributs de la France plutôt que ceux de l'ancien monarque ». Ce n'était pas de leur part une manière détournée d'éluder les ordres de la Convention : ces mêmes fonctionnaires avaient été les premiers à exécuter la loi, en ce qui concernait les édifices de leur port. Ils n'agissaient que par souci de l'économie, faisant remarquer que l'exception proposée par eux éviterait une très grande dépense, les proues et les poupes ainsi que les pavois des navires étant couverts de fleurs de lis. On ne tint pas compte de leur avis et chacun de nos ports continua les préparatifs de la cérémonie ordonnée par le ministre de la marine, pour célébrer la chute de la royauté, et pour en détruire les emblèmes.

A Toulon, la fête eut lieu le dimanche 14 octobre. Ce jour-là, dans la matinée, les autorités municipales, les juges de paix, les magistrats, les prud'hommes, les membres de la Société des Amis de la liberté et de l'égalité, les officiers de terre et de mer se réunirent dans l'arsenal au pied de l'arbre de la liberté. Ces députations trouvèrent au rendez-vous 60 commissaires nommés par les divers ateliers ou chantiers du port, tous armés d'une pique et coiffés du bonnet rouge. Trois de ces commissaires, « en culottes longues ou jupons blancs », étaient désignés pour porter trois tablettes légères, sur lesquelles avaient été peints en lettres d'or les noms des trois vaisseaux qui devaient être débaptisés : *Sans-Culotte, Ça-Ira* et *Liberté*. Ces tablettes devaient être promenées dans la ville à la place des véritables écussons, trop pesants pour figurer dans la fête.

Un cortège se forma. En tête marchaient trois ouvriers sculpteurs et le constructeur du *Sans-Culotte,* décorés d'une écharpe tricolore ; puis venaient les commissaires, avec leurs piques et leurs bonnets phrygiens, précédant les trois porteurs de tablettes et un citoyen tenant un pavillon national déployé. Les députations officielles suivaient, ainsi que des musiciens et des tambours, et enfin, fermant la marche, « une foule immense de citoyens sur quatre de front, se tenant embrassés comme des frères ».

Cette procession civique parcourut la ville et revint dans l'arsenal où son arrivée fut saluée de 23 coups de canon. On se dirigea vers les trois vaisseaux, décorés pour la circonstance de pavillons et de guirlandes de chêne. Les écussons furent mis en place devant la foule attentive, et bientôt brillèrent à la poupe les nouveaux noms

« simples et modestes, mais si énergiques, si chéris des patriotes et qui doivent faire trembler les despotes de l'univers ».

L'opération achevée, le cortège reprit son ordre et se dirigea vers l'église Saint-Jean, siège de la Société des Amis de la liberté et de l'égalité, où le « citoyen constructeur du *Sans-Culotte* prononça, à la tribune, un discours analogue à la fête. Les tablettes où étaient peints les noms civiques des trois vaisseaux furent déposées au lieu des séances de la Société patriotique, comme un monument qui rappellera à tous les Français qu'il n'est plus aujourd'hui de nom plus glorieux et plus flatteur que celui de sans-culotte, nom que l'ancienne cour traîtresse avait pris en exécration et que le pouvoir exécutif républicain d'aujourd'hui se plaît à substituer à tout ce qui rappelait encore le souvenir de la royauté et de l'aristocratie ».

Dans la journée, les patriotes se livrèrent à des chants d'allégresse, les musiques jouèrent « des airs consacrés à la liberté », la ville entière garda un air de fête[1].

---

1. *Archives de la marine,* BB[3], 13.

Lorsque l'ordonnateur et le commandant rendirent compte, le 15 octobre, de la cérémonie de la veille, ils ne manquèrent pas de s'étendre avec complaisance sur la joie débordante de la population. Puis mis en goût, sans doute, par ce qu'ils avaient vu, ils signalèrent au ministre qu'il leur restait encore trois navires dont les noms « portaient trop le caractère de l'ancien régime pour ne pas blesser les regards du peuple ». C'était le *Duquesne* et les galères *la Duchesse* et *la Dauphine*. Passe pour ces dernières ; mais Duquesne ! Qui donc pouvait être *blessé,* en lisant ce nom à l'arrière d'un vaisseau de la République ? N'était-ce pas celui d'une des gloires les plus hautes de la France, celui d'un amiral aussi éminent dans le conseil que vaillant dans l'action ? Ne pouvait-il même passer, à leurs yeux, pour une victime du despotisme, ce victorieux qui ne fut pas maréchal de France parce qu'il était protestant, et à qui on refusa une sépulture honorable parce qu'il était resté jusqu'à la mort fidèle à sa religion ? Peut-être les chefs du port de Toulon n'ignoraient-ils point ces choses ; mais les malheureux étaient les dociles instruments de cette Société des Amis de la liberté et de l'égalité dont le nom est revenu plusieurs fois dans ce récit, Société sans mandat officiel, sans pouvoir délégué, mais exerçant son abusive et tyrannique surveillance sur tout ce qui se passait ou tout ce qui se disait, et qui, pour que nul ne s'y trompât, avait donné comme insigne à ses membres un œil peint sur un ruban tricolore[1]. C'est à ce club, ouvert aux premiers venus, surtout aux pires exaltés, que les autorités maritimes obéissaient par terreur autant que par faiblesse. C'est à lui, on vient de le voir, qu'elles étaient venues confier officiellement les tablettes qui avaient figuré dans la fête du 14. C'est ce club d'ignorants que le nom de Duquesne avait offusqué et qui en avait demandé la proscription. Le commandant et l'ordonnateur s'étaient empressés de faire droit à cette requête. Le ministre, du moins, n'y souscrivit pas et le nom illustre de Duquesne resta gravé à l'arrière du vaisseau, qu'on avait voulu débaptiser.

A Rochefort, où un seul navire, la *Fleur-de-Lis*, devait échanger son nom contre celui de

---

[1]. George Duruy, *La Révolution à Toulon* (*Revue des Deux-Mondes*, 15 mars 1892).

la *Pique,* les choses se passèrent plus simplement.

La fête eut un caractère restreint. A Brest, au contraire, la cérémonie fut complète, plus complète même qu'à Toulon, car on s'y livra à un autodafé solennel des ornements et des emblèmes rappelant le régime aboli.

C'est le dimanche 21 octobre que la fête en question y fut célébrée. Dès le matin une salve de 21 coups de canon, tirée par les batteries de la garde nationale, était répétée par tous les vaisseaux de la rade, tandis que la générale était battue dans les différents quartiers de la commune. Un cortège, composé des autorités municipales ainsi que des officiers de terre et de mer, parcourut toute la ville et vint, en dernier lieu, dans le port, où les régiments de la marine formaient la haie. Après avoir proclamé l'abolition de la monarchie, l'ordonnateur Redon[1] publia les nouveaux noms donnés aux vaisseaux. Alors des ouvriers remplacèrent les anciens écussons d'arrière par des nouveaux et arrachèrent les attributs de la royauté. S'emparant de ces débris,

---

1. Qui devint ministre de la marine en 1794.

ils vinrent prendre rang au milieu du cortège, qui se dirigea vers la place d'armes (au centre de la ville), où les troupes formaient le carré au milieu d'un immense concours de population. Ayant fait le tour de la place aux cris redoublés de *Vive la République!* le cortège s'arrêta au pied de l'arbre de la liberté. Là, on proclama une nouvelle et dernière fois l'abolition de la royauté, le canon tonna, les cris de la foule retentirent ; puis les ouvriers entassèrent pêle-mêle « tous les emblèmes du despotisme » et en formèrent un vaste bûcher, auquel les magistrats et les chefs mirent le feu. « Les flammes, dit le narrateur officiel, ont bientôt dévoré les signes honteux de notre esclavage et ce n'est qu'avec un plaisir bien vif que tous les yeux d'une immense quantité de spectateurs se portaient de ce côté. Pendant cet incendie patriotique, un chœur de citoyens et de citoyennes, placés sous l'arbre de la liberté, chantait l'hymne des *Marseillais*. Le cortège s'est ensuite retiré, et toutes les troupes sont rentrées dans leurs quartiers. » Le soir il y eut des danses sur la place, des illuminations et un feu d'artifice, « en évitant soigneusement, comme l'avait recommandé le ministre, le risque des incendies[1] ». Enfin cette fête, « bien différente de celles qui avaient lieu sous le despotisme, a généralement porté l'allégresse dans les cœurs[2] ».

Cette journée célébra donc à la fois la suppression des emblèmes de la royauté et la fondation de la République. A ce dernier titre elle eut des lendemains. Un règlement du 2 février 1793 enjoignit, en effet, aux chefs de la marine et aux capitaines de navires de célébrer « avec appareil » dans les rades et dans les ports, étrangers ou nationaux, ainsi qu'à la mer « le 14 juillet, la fête de la Liberté, le 10 août, celle de l'Égalité, et le 21 septembre, la fondation de la République ». Pendant ces jours de fête le capitaine devait pavoiser son vaisseau, donner double ration aux équipages, « entretenir l'allégresse et la bonne harmonie » et faire des salves d'artillerie[3].

L'allégresse et la bonne harmonie ! On ne ren-

---

1. Lettre du 22 septembre aux autorités maritimes du port de Brest.
2. P. Levot, *Histoire de la ville de Brest*, t. III.
3. Le 15 août 1792, le ministre de la marine écrivait au Président de la Convention : « Les représentants du peuple verront avec satisfaction que la prestation du serment à la République a été acceptée avec transport, et que les états-majors, réunis de cœur et d'esprit avec les braves marins, avaient célébré l'époque mémorable du 10 août avec cette allégresse et cette cordialité qui ne peuvent se trouver que chez un peuple de frères. »

contre que ces deux mots, à cette étrange époque, dans la correspondance officielle des différents chefs de la marine. Leur unique désir, suivant une formule qui revient souvent sous leur plume, semble être de voir le peuple « libre et heureux ». Et pour cela ils recommandent « l'harmonie, l'union, la fraternité », ils veulent que les vaisseaux « ne forment qu'une famille de frères[1] ». Ils sont tous imprégnés des aspirations humanitaires des philosophes du xviiie siècle. Leurs recommandations seront souvent vaines ; elles semblent même presque ironiques à cette heure effroyablement troublée qui agite la marine comme le pays, et qui voit la discorde, la rébellion régner partout, sur les vaisseaux, dans les escadres, dans les ports. Mais leur sensibilité — pour employer le mot d'alors — ne se démentira jamais. Ces chefs improvisés, presque tous des hommes nouveaux, sont grisés par les grands mots de liberté, de concorde et de fraternité ; ils croient au bonheur prochain du peuple parce que le régime monarchique est aboli, parce que le despotisme est à

---

1. Instructions remises au citoyen Duval, capitaine de vaisseau commandant une division destinée pour les îles du Vent, 8 novembre 1792.

PROCLAMATION DE LA PREMIÈRE RÉPUBLIQUE. 25

terre. Leur illusion dura-t-elle ? On en peut douter, mais leur conviction apparaît si sincère, leur foi si vive qu'on ose à peine sourire de leur style bizarre, ampoulé, plein de recherche et d'emphase.

Restait maintenant à décider par quels ornements on remplacerait les écussons, les fleurs de lis, les cartouches aux L enlacés, qui ornaient les flancs des bâtiments de guerre, en un mot « toutes les marques d'esclavage que l'œil du républicain ne pouvait plus contempler qu'avec horreur[1] ». Un crédit de 400,000 fr. ayant été accordé pour procéder à cette restauration, le ministre avait demandé à ses ports des projets de dessins. Les uns proposèrent des casques avec faisceaux d'armes entourés de lauriers, d'autres des lions héraldiques défendant le bonnet de la liberté. On adopta finalement un simple faisceau d'armes surmonté d'une pique, au bout de laquelle serait figuré le bonnet phrygien. Quant aux pavois, longues bandes d'étoffes fleurdelisées qui, aux jours de fête, garnissaient les parties

---

1. Rapport au ministre du 17 novembre 1792.

hautes du navire et le bord de ses hunes, on décida qu'ils seraient de drap bleu, parsemé d'ancres emblématiques, surmontées du bonnet rouge et placées entre les initiales R et F.

La question des ornements réglée, on vit paraître quelques nouvelles décisions : les unes enjoignant de détruire les cachets aux armes de la monarchie, et d'envoyer à la Monnaie l'argenterie des hôtels des commandants de la marine ainsi que les vases sacrés des chapelles de bord[1], les autres supprimant le port de la croix de Saint-Louis, en attendant les décrets de 1793 et de l'an II qui ordonneront à ceux qui possèdent cette décoration de la déposer à leur municipalité, sous peine d'être arrêtés.

Toutes ces mesures de détail s'exécutèrent, sans rencontrer ni résistance ni protestation. L'obéissance aux décrets de la Convention fut générale. Peut-être le chef du service maritime à Bordeaux exagérait-il, par flatterie pour le nouveau gouvernement, quand il écrivait, dès le 29 novembre, que le souvenir de la royauté était

---

1. Rapport au ministre du 21 novembre 1792. Le même rapport propose de solder la dépense faite par l'ordonnateur de Brest pour achat d'une guillotine. Exquis rapprochement !

« effacé de tous les cœurs »; mais, pourtant, il est hors de doute que la marine avait bien accueilli l'avènement de la République. S'il se trouvait à bord des vaisseaux quelques « monarchiens », partisans de ceux qui avaient rêvé de faire la révolution avec le roi, leur attitude n'était plus que de la résignation devant le fait accompli. Ils se taisaient, n'ayant d'autre souci que de se faire oublier. Quant aux autres, les hommes nouveaux, entrés dans la marine à la faveur des désertions des royalistes, l'événement ne leur causait que de la joie. Ils y voyaient la consécration d'un régime d'égalité qui leur donnait accès aux grades les plus élevés, et leur ouvrait déjà des horizons jusque-là fermés pour eux. Les grands chefs, amiraux, commandants ou ordonnateurs des ports, qui, en raison de leur âge et de leurs longues années passées au service de l'ancien régime auraient été excusables d'avoir des attaches monarchiques, montraient une soumission au moins apparente. A plusieurs reprises, le ministre les félicita « d'avoir prévenu ses intentions..., d'avoir devancé ses ordres..., d'avoir donné des preuves de leur civisme..., d'avoir prouvé leur éloignement pour tout ce qui pouvait seulement avoir l'air de porter atteinte à la liberté ». Dans les semaines qui suivirent la proclamation de la République, ils n'ont mérité qu'un seul rappel à l'ordre touchant leurs sentiments politiques. Il est daté du 13 octobre et ainsi conçu : « Recommander aux commandants et ordonnateurs de bannir de leur correspondance et de leurs états le mot la *cour,* pour désigner le ministre. Il n'y a plus ni roi, ni cour. Il y a une République et des ministres patriotes. » Ces recommandations se retrouvent dans des instructions remises à la même époque à un capitaine de vaisseau partant pour les Antilles : « Attendu, lui disait-on, que plusieurs lois portent des formules odieuses et proscrites, il est expressément ordonné de ne prononcer et de ne faire exécuter les actes de l'autorité qu'au nom de la République française. Elle a proscrit les rois et la royauté. Elle n'a pour ennemis que les tyrans. » Il faut, lui disait-on encore, faire reconnaître partout « la Majesté de la République française[1] ».

---

[1]. Instructions remises au citoyen Duval, capitaine de vaisseau. D'autres instructions, du 28 septembre 1792, disaient au capitaine de vaisseau La Crosse, commandant la *Félicité,* de commenter, en arrivant dans les colonies, « les événements du

Les *Archives de la marine* ne contiennent aucune pièce indiquant de quelle manière le capitaine de vaisseau en question a fait reconnaître la majesté du nouveau gouvernement de la France. Mais à défaut de ce renseignement, elles nous apprennent comment certain jour un lieutenant de vaisseau proclama la République en pays conquis. Cet officier, du nom de Moultson, était un ancien corsaire américain qui, après avoir longtemps combattu les Anglais, avait demandé et obtenu un grade dans la marine française. En fait de civisme, ce citoyen de la libre Amérique aurait rendu des points au plus civique des citoyens français. A chacune de ses communications de service, même les plus banales, il ajoutait un post-scriptum, destiné à assurer sa patrie d'adoption de sa ferveur républicaine. Dès qu'il avait apposé sa signature au bas d'une lettre, il se croyait obligé de manifester ses sentiments par des phrases dans le goût de celle-ci : « Il me reste à vous dire que je suis déterminé à mourir pour le soutien de la République. »

Au mois de novembre 1792, il commandait la

---

10 août et jours subséquents, les forfaits de Louis et le glorieux décret qui nous a constitués en République ».

frégate *l'Ariel,* ainsi qu'une petite flottille destinée à opérer à l'embouchure de l'Escaut et sur la côte voisine, tandis que Dumouriez accomplissait la mémorable campagne qui devait nous donner les Pays-Bas. De Dunkerque, où il avait séjourné quelque temps, retardé par des vents contraires, il gagna Ostende, et y entra sans coup férir. Il fit part de cet événement au ministre, en joignant à sa missive une lettre adressée aux membres de la Convention (17 novembre 1792) : « Législateurs, leur disait-il, résolu de périr sous les débris de mon bâtiment, j'ai appareillé de Dunkerque pour forcer le port et la ville d'Ostende à reconnaître l'indépendance de ma nation adoptive. Je me suis présenté à l'embouchure du port la mèche allumée et les hommes en batterie (mon équipage avait juré de s'ensevelir dans le vaisseau, plutôt que d'amener le pavillon tricolore qui fait sa gloire); mais cette résolution ne put avoir son effet, car, aussitôt notre arrivée dans le port, des cris d'allégresse se sont fait entendre dans toutes les parties de la ville... »

Le lieutenant Moultson raconte alors, dans un langage des plus imagés, que la population

« pleurant de plaisir » s'était jetée dans des canots pour accourir au-devant de l'*Ariel,* et sauter au cou des marins français en qui elle voyait des libérateurs; que les magistrats de la cité étaient venus lui offrir tout ce dont il pouvait avoir besoin; qu'il aurait voulu aussitôt descendre à terre pour remercier ce peuple « amant des Français », mais que l'heure tardive l'avait contraint de rester à son bord, et que, toute la nuit, des chants joyeux s'élevant de la ville, avaient gêné son sommeil.

Le lendemain matin à 9 heures, accompagné de quelques-uns de ses officiers, il se rendit à la maison commune, où de nombreux habitants se trouvaient rassemblés. Là, ravi autant qu'ému, il débita un petit discours de circonstance, auquel il serait dommage de retrancher une ligne :

« Citoyens,

« Le peuple français, naguère esclave, est devenu libre par sa propre volonté. Les tyrans qui vous ont opprimés se sont unis pour anéantir ces naissantes espérances, mais le peuple indigné, en élevant sa massue terrible, a fait rentrer dans le néant ces spectres du despotisme.

« Nous ne sommes point venus pour ravager vos propriétés, ni porter un fer assassin dans le sein de vos timides épouses. Nous ne voulons que votre amitié, chasser vos oppresseurs, les conduire jusqu'aux enfers et les enfermer dans ce lieu de supplices, d'où la bonté divine n'eût jamais dû les laisser sortir. »

Quel effet produisit cette courte mais substantielle harangue ? C'est ce que le lieutenant Moultson s'est chargé d'apprendre lui-même à la Convention :

« Il est difficile d'exprimer tous les transports, tout le délire que notre présence a fait naître dans le cœur et dans la tête de ces hommes... J'ai cru que ce peuple sensible était devenu fou. mais heureusement que sa raison a survécu au délire et qu'il a été plus sage et plus religieux lors de la cérémonie qui a suivi notre entrée à la commune.

« Sur une place vaste, on avait déjà creusé le lieu où les racines du chêne sacré devaient étendre leurs rameaux; dès la veille des citoyens avaient été à deux lieues de leur cité chercher un arbre superbe; il était prêt à se placer dans son berceau; le peuple a voulu que les premiers Français entrés dans la ville soient aussi ceux qui aient la gloire de planter l'arbre, autour duquel en se serrant il n'aura rien à craindre des efforts des tyrans. Nous avons planté ce chêne respectable, symbole de notre force ; et par son enthousiasme le peuple a témoigné sa ferme résolution de le défendre.

« J'ai eu, conjointement avec le bourgmestre, le bonheur d'attacher à cet arbre le bonnet de la liberté. Je suis le premier officier de la marine qui ait joui de cet avantage et je m'en glorifie avec plaisir. S'il reste après ma mort quelque contrée dans le monde où ce signe sacré du bonheur des peuples soit inconnu, j'inspirerais à mes enfants le louable désir de l'aller placer eux-mêmes.

« Il s'est formé un club sous mes auspices. Je n'avais jamais de ma vie entré dans aucune de ces associations populaires, mais le désir de montrer à ce peuple la route de son bonheur m'a fait inscrire sur la liste des membres qui le composent. Puisse leur influence concourir à maintenir, dans cette cité, l'amour des lois et la tranquillité si utile à la félicité des peuples. »

C'est ainsi que la République fut proclamée à Ostende, au mois de novembre 1792, par un officier de marine. Son récit méritait d'être reproduit en entier. Il reflète à merveille le mélange d'extravagance et de foi qui caractérise cette époque curieuse et extraordinaire.

L'ADOPTION

DU

PAVILLON TRICOLORE

DANS LA MARINE

Le 11 juillet 1789, un jeune membre de l'Assemblée nationale, nommé Camille Desmoulins, monta sur une table dans le jardin du Palais-Royal et déclara devant la foule, excitée déjà et avide de l'entendre, que le renvoi de Necker était le signal d'un coup d'État, que les troupes du maréchal de Broglie allaient égorger tout Paris et qu'il fallait prévenir leurs attaques. Lorsqu'il eut fini son discours, il détacha une feuille d'un arbre et la mit à sa boutonnière en invitant les citoyens présents à la prendre comme signe de ralliement. « C'est le vert, dit-il, couleur de l'espérance ! » La foule écouta son conseil.

Dans la manifestation, bientôt suivie de l'émeute, qui eut lieu ce jour-là, les feuilles vertes furent donc portées par le peuple et, dès le soir, des cocardes de rubans verts étaient vendues par les marchands. La Révolution naissante opposait ainsi le vert à la couleur blanche, qui était la couleur de la monarchie.

Le lendemain, on songea que le vert était la couleur de la livrée des princes cadets et on remplaça aussitôt la cocarde verte par une cocarde rouge et bleue, conforme aux couleurs de la ville de Paris. On sait, en effet, que le vaisseau symbolique qui figure, dans les armes de la cité, *fluctuat nec mergitur,* est rouge sur fond bleu[1]. Aussi, dès le 12 juillet, des enfants parcoururent-ils les rues avec des corbeilles remplies de nœuds rouges et bleus, en criant : « Voici le ruban national, achetez le ruban national ! » Tous les hommes se parèrent du nouvel insigne. Mais la vogue en augmenta surtout le lendemain, dans les heures qui suivirent la prise de la Bastille. Les femmes attachèrent à leurs bonnets des « cocardes à la nation ». On vendit pour elles des boucles « à la Bastille » et des chapeaux ou des

---

1. En 1356, les partisans d'Étienne Marcel avaient adopté comme signes de ralliement des chaperons rouges et bleus.

souliers ornés de rubans et de rosettes aux couleurs nationales.

Trois jours plus tard, le 17 juillet, lorsque Louis XVI vint à l'hôtel de ville, Bailly lui présenta les clefs de Paris en lui disant : « Sire, j'apporte à Votre Majesté les clefs de sa bonne ville de Paris ; ce sont les mêmes qui ont été apportées à Henri IV. Il avait reconquis son peuple. Ici, c'est le peuple qui a reconquis son roi. » En même temps, Bailly lui offrit une cocarde rouge et bleue en demandant : « Votre Majesté veut-elle accepter le signe distinctif des Français ? » Le roi prit l'insigne des mains du maire et l'accola à la cocarde blanche qu'il portait à son chapeau.

L'incident ne tarda pas à faire le tour de la capitale. Partout l'on répéta que le roi et la nation étaient d'accord pour adopter les couleurs blanche, bleue et rouge, qui se transformèrent immédiatement en couleurs nationales.

Ce que l'on avait fait les jours précédents pour le bleu et le rouge seuls, on le fit pour le bleu et le rouge mélangés au blanc. Les parures de femmes, les vêtements, les chaussures, les bouquets, les tabatières devinrent tout de suite, avec

leurs trois couleurs, des emblèmes patriotiques.
Mme de Genlis porta à son cou un médaillon fait
d'une pierre polie de la Bastille sur laquelle était
écrit en diamants le mot : *Liberté*. La monture
de ce médaillon consistait en une guirlande de
lauriers attachée par une cocarde nationale, formée de pierres précieuses aux trois couleurs. Sur
une robe « à la Camille », les Parisiennes arbo-
raient très haut, près de l'épaule, le bouquet « à
la nation » ou se paraient d'une robe « à la Cir-
cassienne », rayée des trois couleurs. Quant à la
« mise à la Constitution », elle comprenait, d'a-
près le *Journal de la mode,* une robe d'indienne
semée de petits bouquets tricolores, ainsi qu'un
petit fichu de linon allant se perdre dans une
ceinture nacarat dont les franges étaient aux couleurs de la nation. Très répandu aussi, le « négligé à la patriote », qui se composait d'une re-
dingote nationale de drap bleu, d'un collet mon-
tant écarlate et d'une jupe blanche.

Sur ces entrefaites, La Fayette, nommé général
de la milice bourgeoise, se hâta de l'organiser.
Il lui donna un nom que Sieyès avait trouvé,
celui de garde nationale, et la dota de la cocarde nouvelle : « Prenez-la, dit-il en la mon-

trant, voilà une cocarde qui fera le tour du monde. »

Le 27 mai 1790, les trois couleurs reçurent une sanction officielle et devinrent le signe de l'État. On les adopta pour l'armée sans qu'aucune décision fût prise pour la marine. Il était cependant probable que le pavillon tout blanc qui flottait depuis Louis XIII à la poupe de nos vaisseaux[1] céderait prochainement la place à un autre étendard rappelant, par une disposition quelconque, les nouvelles couleurs nationales.

En effet, le 19 octobre 1790, le Comité de marine de l'Assemblée constituante abordait la question du changement de pavillon, dans un rapport sur l'*affaire de Brest,* ainsi qu'on désignait la

---

1. Le pavillon blanc était le pavillon de la marine militaire, car, d'après les termes d'une ordonnance de 1661, les navires du commerce devaient arborer seulement l'ancien pavillon de la nation française qui était la croix blanche dans un étendard d'étoffe bleue, avec l'écu des armes de Sa Majesté sur le tout. — Au reste, longtemps avant 1789 on avait vu les galères porter des pavillons des trois couleurs, blanche, bleue et rouge. — Sous Louis XIII les vaisseaux du roi avaient un pavillon blanc, un pavillon rouge fleurdelisé, un pavillon bleu chargé aussi de fleurs de lis. Dans l'*Hydrographie* du P. Fournier (1643) on voit un vaisseau orné de tous ces pavillons, le bleu est au beaupré, le blanc au grand mât, le rouge à la poupe.

révolte qui s'était produite dans ce port sur les navires de l'escadre commandée par d'Albert de Rions. Menou, rapporteur, s'exprimait ainsi, après avoir énuméré certaines mesures à prendre pour éviter le retour de ces graves désordres : « Le Comité regarde comme une mesure efficace de publier les règles de l'avancement et de changer le pavillon blanc en pavillon aux couleurs nationales ; mais il pense que cette grâce ne doit être accordée qu'au moment où l'insubordination aura pris fin. »

Le 21, ce rapport vint en discussion. Dès que fut lu le paragraphe relatif au changement de pavillon, le chef d'escadre de Vaudreuil fit remarquer qu'un pavillon aux couleurs nationales, c'est-à-dire bleu, blanc et rouge, se confondrait avec celui des Hollandais. Et il repoussa le changement proposé, à l'approbation générale de la droite de l'Assemblée.

Après lui, M. de Virieu demanda la parole : « Je ferai quelques observations, dit-il, sur le pavillon qu'on se propose de substituer à celui qui a toujours fait l'honneur et la gloire du nom français. Tous les bons citoyens seraient alarmés si la couleur était changée. C'est ce pavillon qui a rendu libre l'Amérique. Un changement tendrait à anéantir le souvenir de nos victoires et de nos vertus. Je partage le sentiment qui a engagé le Comité à nous proposer d'arborer ce signe de notre liberté. En conséquence, je demande qu'à la couleur qui fut celle du panache de Henri IV, on joigne celles de la liberté conquise, c'est-à-dire une bande aux trois couleurs. Et pour rappeler une époque nouvelle, je dirai : contemplez ce drapeau suspendu aux voûtes de cette enceinte ; il est blanc, c'est devant lui que vous avez marché à la fédération du 14 juillet. »

En homme avisé, M. de Virieu proposait donc une transaction. Il voulait marier sur un même étendard la couleur de la vieille monarchie et les couleurs nouvelles de la nation, espérant ainsi concilier à la fois les regrets des uns et l'impatience des autres. Dans ce but, il proposait de conserver le pavillon à fond blanc, en lui ajoutant, dans une disposition quelconque, un rectangle ou un carré bleu, blanc et rouge. Menou défendit de nouveau la rédaction du Comité portant que « le pavillon blanc serait changé en un pavillon aux couleurs nationales », à quoi la droite riposta en demandant avec animation la question préalable.

La Réveillière-Lépo (ainsi que le *Moniteur* orthographie son nom) fit sentir son étonnement d'une pareille discussion, puisque « le monarque lui-même » avait ordonné aux chefs des troupes de faire arborer la cocarde nationale, signe de la liberté.

Le chef d'escadre La Gallissonnière reprit pour son compte l'objection de Vaudreuil, à savoir que les Anglais et les Hollandais avaient les trois couleurs dans leur pavillon, puis il ajouta que cette modification entraînerait d'inutiles dépenses. M. de Foucault, qui lui succéda, dit qu'on profanait la gloire et l'honneur du pavillon blanc, en voulant le bannir des vaisseaux, et il termina par cette phrase : « Laissez à des enfants ce nouveau hochet des trois couleurs. »

Alors se leva Riquetti, l'aîné (ci-devant Mirabeau, comme le désigne le *Moniteur*) : « Aux premiers mots proférés dans cet étrange débat, j'ai ressenti, dit-il, les bouillons de la fièvre du patriotisme jusqu'au plus violent emportement... (*Murmures du côté droit.*) On a objecté la dépense, comme si la nation, si longtemps victime des profusions du despotisme, pouvait regretter le prix des livrées de la liberté[1] ! Tout le monde sait avec quelles félicitations mutuelles la nation entière s'est complimentée quand le monarque a ordonné aux troupes de porter, et a porté lui-même, ces couleurs glorieuses, ce signe de ralliement de tous les amis, de tous les enfants de la liberté, de tous les défenseurs de la Constitution.

« Je demande un jugement et je pose le fait.

« Je prétends, moi, qu'il est, je ne dis pas irrespectueux, je ne dis pas inconstitutionnel, je dis profondément criminel, de mettre en question si une couleur destinée à nos flottes peut être différente de celle que l'Assemblée nationale a consacrée, que la nation, le roi ont adoptée, peut être une couleur suspecte et proscrite. Je

---

[1]. Les trois couleurs que Mirabeau appelait les livrées de la liberté étaient un peu celles des livrées du roi. Si le panache blanc datait de Henri IV, la livrée de Henri III était bleu, blanc, rouge. M. Jal dit à ce propos : « Je crois que l'on s'aperçut très bien qu'il y avait identité entre les couleurs du nouveau drapeau et celles de l'ancienne livrée royale, mais que l'origine des couleurs appelées nationales, par opposition au blanc, fit passer sur ce rapprochement. Je crois aussi qu'après le 21 janvier 1793 on ne songea plus à modifier un drapeau dont les victoires de l'armée française avaient rendu les couleurs respectées pendant la campagne de 1792. »

prétends que les véritables factieux, les véritables conspirateurs sont ceux qui parlent des préjugés à ménager, en rappelant nos antiques erreurs et les malheurs de notre honteux esclavage... Non, Messieurs, non, leur folle présomption sera déçue, leurs sinistres présages, leurs hurlements blasphémateurs seront vains : elles vogueront sur les mers, les couleurs nationales, elles obtiendront le respect de toutes les contrées, non comme le signe des combats et de la gloire, mais comme celui de la sainte confraternité des amis de la liberté sur toute la terre et comme la terreur des conspirateurs et des tyrans... Je demande que la mesure comprise dans le décret soit adoptée et que les matelots à bord des vaisseaux, le matin et le soir, et dans toutes les occasions importantes, au lieu du cri accoutumé et trois fois répété de *Vive le roi!* disent : *Vivent la nation, la loi et le roi*[1] ! » (*La salle re-*

---

[1]. Lorsque Mirabeau prononça ce discours, il était depuis trois mois en relations suivies avec la cour et la violence de son langage contribua à le rendre suspect au roi et à la reine. On lit, en effet, dans une lettre de Marie-Antoinette à son frère Léopold, datée du 22 octobre 1790, le passage suivant : « Mirabeau avait fait remettre quelques notes un peu vives, mais raisonnées, sur la nécessité de prévenir les usurpations de l'Assemblée et

tentit, pendant quelques minutes, de bravos et d'applaudissements.)

L'abbé Maury monta à la tribune après Mirabeau, et aussitôt la séance devint orageuse. Le fougueux orateur du clergé, dont Mignet a dit qu'il parlait comme les soldats se battent, était dans un de ses jours de violence. Dès ses premiers mots « il entra en fureur, rapporte le compte rendu officiel, il saisit la tribune et l'ébranla comme pour la lancer sur le côté gauche ». Son discours ne fut qu'une véhémente protestation contre les paroles de Mirabeau.

M. de Guilhermy lui succéda au milieu d'un grand tumulte. Le bruit couvrit sa voix. On entendit seulement les mots d'assassin et de scélérat qu'il lançait à l'adresse de Mirabeau, ce qui fit redoubler le tumulte. La gauche somma le

---

de ne pas lui laisser lancer un décret déclarant sa compétence à la nomination des ministres. Il avait proposé plusieurs noms et le roi était disposé à examiner la question quand, à propos de troubles survenus sur une escadre, il a prononcé un discours de violent démagogue, à épouvanter les honnêtes gens. Voilà encore nos espérances renversées de ce côté; le roi est indigné et moi désespérée... Cet homme est un volcan qui mettrait le feu à un empire, comptez donc sur lui pour éteindre l'incendie qui nous dévore ! Il aura fort à faire avant que nous ayons repris en lui confiance... »

président de rappeler M. de Guilhermy à l'ordre. Menou demanda qu'on l'arrêtât sur-le-champ. De toutes parts, on s'invectiva, on s'insulta, et c'est au milieu d'un vacarme effroyable que l'on passa au vote.

La transaction de M. de Virieu fut adoptée. Il fut décidé qu'à l'avant, sur le mât de beaupré, flotterait un pavillon composé de trois bandes égales et posées verticalement, celle de ces bandes la plus près du bâton étant rouge, celle du milieu blanche, la troisième bleue (à l'inverse de ce qui existe actuellement), que le pavillon de poupe resterait à fond blanc, mais en portant dans son quartier supérieur le pavillon de beaupré ci-dessus décrit. Cette partie du pavillon devrait mesurer exactement le quart de sa superficie totale et être environnée d'une bande étroite dont une moitié de la longueur serait rouge et l'autre blanche. Ce pavillon serait également celui des vaisseaux de guerre et des bâtiments de commerce. Quant à la flamme flottant au grand mât, comme indice du navire de guerre, elle serait tricolore. Enfin, un dernier article de ce décret du 21 octobre 1790 portait que « le pavillon et la flamme aux couleurs de la nation ne pourraient être faits que d'étoffes fabriquées en France ».

Le nouveau pavillon fut bientôt arboré sur toute la flotte. M. Levot, dans son intéressante *Histoire de la ville de Brest,* donne de curieux détails sur la cérémonie qui eut lieu dans ce port, le 11 janvier 1791, pour l'inauguration du pavillon. Le commandant de la marine, M. de la Porte-Vezins, avait invité les diverses autorités à se rendre à bord du vaisseau amiral à 9 heures du matin. On devait donc y voir la municipalité, le tribunal, les officiers des troupes de terre, ceux de la garde nationale, les membres du clergé et, à côté d'eux, la toute-puissante *Société des amis de la Constitution,* qu'il eût été imprudent et impolitique de tenir à l'écart. Lorsque le cortège officiel monta sur le bâtiment, aucun drapeau ne flottait à sa poupe : ainsi en avait décidé le commandant de la marine. Dans sa pensée, l'étendard du nouveau modèle devait être solennellement hissé lorsque tous les invités se trouveraient réunis ; mais ni les officiers municipaux, ni les vigilants Amis de la Constitution ne l'entendaient de la sorte. Ils tenaient à constater de leurs yeux la disparition effective du drapeau blanc. Venus là pour acclamer la mise en place du drapeau aux trois couleurs, ils ne voulaient pas manquer le réjouissant spectacle de l'abaissement définitif du vieux drapeau des flottes royales. Ils témoignèrent hautement leur surprise de l'absence du pavillon blanc et critiquèrent avec vivacité les ordres du commandant de la marine. Celui-ci s'empressa de leur donner satisfaction, en envoyant chercher le pavillon réclamé et en le faisant hisser à son poste accoutumé. Devant cette concession, les esprits qui commençaient à fermenter se calmèrent et aussitôt la cérémonie commença.

Si déjà l'on était arrivé à l'heure de la Révolution où les autorités obéissaient aux sommations, voire même aux simples désirs des clubs, le moment n'était pas encore venu où l'on devait se passer, dans les solennités, du concours de la religion catholique. Il est vrai que les prêtres que l'on convoquait ainsi étaient des prêtres assermentés, la constitution civile du clergé ayant été votée le 12 juillet 1790. Une messe fut donc célébrée sur le vaisseau amiral, et, quand elle fut terminée, on amena le drapeau blanc pour arborer en son lieu et place un pavillon aux couleurs nouvelles. « Au même instant, dit M. Levot, on en hissa de semblables sur tous les navires armés ou désarmés, et ils furent salués, à cinq reprises, par tous les équipages, des cris de : *Vivent la nation, la loi et le roi!* On chanta ensuite le *Te Deum*, pendant lequel une batterie fit une salve de vingt et un coups de canon. La cérémonie terminée, M. de Bougainville (qui commandait l'escadre mouillée en rade et qui montait le *Majestueux*) offrit à tous les corps un déjeuner auquel on remarqua peu d'officiers, et le soir, M. de la Porte-Vezins réunit à sa table les membres des différents corps civils et militaires ainsi que des gradés et des canonniers de la marine. » Le compte rendu officiel de la cérémonie se terminait par ces réflexions : « Le jour où a été arboré le signe de la liberté a répandu la joie la plus pure dans les cœurs des vrais Français et assuré à jamais le triomphe d'une nation qui, malgré tant d'obstacles, a su par son énergie et son courage briser des fers qu'elle portait depuis des siècles. Il était réservé au peuple français de montrer l'exemple aux peuples de la terre, qui l'imiteront certainement tôt ou tard. »

A Toulon, même pompe fut déployée pour l'inauguration prescrite. Au jour dit, les autorités civiles et militaires, les corps constitués se rendirent à bord de l'amiral. « Dans la salle du conseil de ce vaisseau, toute tendue de couleurs nationales couronnées de guirlandes de myrte et de laurier, était dressé un autel. Après la célébration du saint sacrifice, un aumônier de la marine bénit le pavillon et entonna le *Te Deum*. A la fin de ce chant d'actions de grâces, le pavillon bénit fut arboré au bruit d'une triple décharge de vingt et un coups de canon et aux acclamations d'un peuple immense accouru sur les quais. » (Henry, *Histoire de Toulon*.)

Lorsque la royauté eut été abolie et la république proclamée, il parut un décret de la Convention, daté du 28 novembre 1792, qui supprimait les emblèmes de la royauté sur tous les drapeaux et étendards. Le pavillon de la marine ne portant aucun de ces emblèmes n'avait pas à subir de modification du fait de ce décret. Il demeura tel qu'il venait d'être adopté, pendant tout le cours des années 1792 et 1793[1], offusquant

---

1. Un règlement du 9 janvier 1793 sur les pavillons et marques

de plus en plus les révolutionnaires parce que l'ancienne couleur royale n'y laissait qu'une place restreinte aux nouvelles couleurs nationales. A sa vue, les farouches « amants » de la liberté fulminaient contre la couleur blanche, cette odieuse « livrée du tyran », qui ternissait le bleu et le rouge « couleurs chéries de la nation ». Et malheur à ceux qui ne partageaient pas leur sentiment ! Certain jour du mois de septembre 1793, un pauvre aide-chirurgien de la frégate *l'America,* nommé Joseph Barbier, avait dit que « le pavillon tricolore était un masque et que le pavillon blanc était beau et sans tache, quoiqu'il fût aujourd'hui en horreur ». Cette parole incivique ne pouvait se tolérer. On le lui fit bien voir. Traduit « pour propos fanatique » devant le tribunal criminel du Finistère, constitué en tribunal révolutionnaire, Joseph Barbier fut condamné à la peine de mort et exécuté le même jour, 24 nivôse an II, sur un ponton mis en rade à cet effet... Le *crime* de ce pauvre chirurgien nous échappe sans doute. Le voici, tel que le définit le prononcé du

---

de commandement à la mer confirma le pavillon institué en 1790 comme pavillon national.

jugement : il tombait sous le coup de l'article 4 du titre Ier du Code pénal du 6 octobre 1791, disant que tous ceux qui « *ébranleraient* la fidélité des officiers, soldats et autres citoyens envers la nation française seraient punis de mort ». Vous avez bien lu : ébranler la fidélité... peine de mort... et tout cela pour un regret à l'adresse du drapeau blanc !

En 1794, le 27 pluviôse (15 février), Jeanbon Saint-André, de retour de sa première mission à Brest, lut à la Convention un rapport sur le pavillon de la marine :

« Un drapeau qui n'est pas celui de la Révolution flotte encore sur nos vaisseaux. Les marins s'en indignent. Ils appellent à grands cris une réforme que vos principes, que l'honneur de la liberté réclament avec eux... Les couleurs nationales sont les seules désormais qui puissent plaire à des Français. Il faut qu'on les voie partout, et, si j'osais le dire, plus encore dans le pavillon de nos vaisseaux que sur les drapeaux de nos intrépides bataillons... Tout change autour de nous, nos lois, nos mœurs, nos usages ; que les signes changent aussi ! Répondez, législateurs, à l'ins-

L'ADOPTION DU PAVILLON TRICOLORE. 53

tigation des équipages de la flotte, répondez à l'impatience qu'ils éprouvent d'en voir disparaître l'objet. L'Assemblée constituante apporta quelque changement ou plutôt une légère modification au pavillon ci-devant royal. On sentit bien qu'il fallait se soumettre à l'opinion publique trop fortement prononcée pour oser la contrarier ouvertement, mais on tâcha de l'éluder même en paraissant la respecter. Les trois couleurs républicaines, reléguées dans un coin du pavillon, n'attestèrent pas tant la mesquinerie ridicule avec laquelle on les y avait placées, que le regret de ceux à qui la puissance du peuple avait arraché ce faible sacrifice.

« Il est temps de réparer cette erreur, cette méprise sans doute volontaire. Quand vous avez à combattre les esclaves de Georges, les stipendiaires de Pitt, il faut commander la victoire au nom de la patrie : un mélange de royalisme formerait un contraste trop révoltant avec la cause sublime que vous avez à défendre. Qu'il disparaisse et qu'il disparaisse à jamais !

« Votre Comité vous propose un pavillon formé tout entier des trois couleurs nationales, simple comme il convient aux mœurs, aux idées, aux principes républicains, qu'on ne puisse confondre avec celui d'aucune autre nation et qui, dans quelque sens où il soit placé, présente toujours ces couleurs dans le même rapport entre elles.

« Braves marins, vous le défendrez! Cloué à la poupe de vos vaisseaux, vous ne souffrirez pas qu'il soit amené, et vous punirez de mort le lâche qui oserait en concevoir le dessein. Vous le recevrez des mains de la Patrie, vous serez responsables envers elle du dépôt sacré qu'elle vous confie. Allez sur cet élément terrible que vous êtes accoutumés à braver. Allez-y aussi braver la poudre des tyrans. Les esclaves que vous avez à combattre pourront-ils soutenir les efforts des hommes libres? Allez, ce signe vous assure la victoire. Il est le présage de votre gloire et du triomphe de la République! »

Après ce discours auquel on ne saurait refuser une entraînante allure, la Convention adopta, séance tenante, le décret qui lui était présenté par son Comité de marine : à compter du 1ᵉʳ prairial (20 mai 1794), tous les vaisseaux français de guerre et de commerce devaient porter un pavillon divisé en trois bandes égales et verticales, le bleu attaché à la hampe, le blanc au milieu, le rouge flottant dans les airs. C'était, on le voit, le pavillon tricolore actuel.

Comment cette loi fut-elle exécutée dans les ports ? C'est ce qu'il est intéressant de connaître. Chose étrange ! A Brest, où Jeanbon Saint-André était pourtant revenu quelques jours après la séance de la Convention, on ne se prépara nullement à pourvoir les vaisseaux du nouveau pavillon[1] ; et quand, au milieu du mois de mai, l'armée navale de Villaret-Joyeuse appareilla pour la célèbre croisière qui devait aboutir au combat du 13 prairial, c'était encore le pavillon blanc à carré tricolore qui flottait à la poupe de nos vaisseaux.

Cette assertion va troubler la conscience des nombreux artistes qui ont représenté le plus fameux épisode de ce sanglant combat, je veux dire l'épisode du *Vengeur*. Tous les peintres, tous les dessinateurs qui ont fixé par le pinceau ou par le crayon la légende du vaisseau coulant

---

[1]. Jeanbon Saint-André se borna à faire arborer le nouvel insigne au vaisseau amiral du port le 2 germinal (22 mars), sans donner aucun éclat à cette cérémonie. Il se réservait pour le jour où l'armée navale inaugurerait le nouveau pavillon.

bas plutôt que de se rendre, ont montré les marins du *Vengeur* clouant au tronçon de leur mât un pavillon aux trois bandes bleue, blanche et rouge. Ils ont commis une erreur de fait. Les bâtiments de Villaret-Joyeuse ont marché au combat avec l'ancien pavillon. Seul, le vaisseau *la Montagne,* où Jeanbon Saint-André se trouvait aux côtés de Villaret, portait au sommet de son grand mât le nouvel étendard des flottes de la République. C'est ce que dit un témoin oculaire, Moreau de Jonnès, qui était embarqué en qualité d'artilleur sur le vaisseau *le Jemmapes :* « On voyait arboré, en tête du mât, sur notre vaisseau amiral, le pavillon carré aux trois couleurs, que ne connaissait encore ni la victoire, ni même l'Océan, mais qui, dans cette journée, allait recevoir de notre sang une consécration mémorable [1]. »

Mais ici une question se pose. Comment se fait-il que Jeanbon Saint-André n'ait pas ordonné à la flotte de Villaret d'arborer, avant de combattre, le nouvel étendard ? Comment se fait-il

---

[1]. *Aventures de guerre au temps de la République et du Consulat,* par Moreau de Jonnès, t. 1er, p. 185.

qu'il ait négligé ce détail, lui qui naguère avait présenté le drapeau tricolore comme un présage assuré de la victoire ? Pour lever ce doute, j'ai feuilleté aux Archives de la marine toute la correspondance échangée entre Brest et Paris dans les premiers mois de 1794 et j'y ai trouvé une lettre du commandant des armes, datée du 4 prairial, qui donne la raison de cette absence de pavillon tricolore sur les vaisseaux de Villaret : « Il ne nous a pas été possible, dit cet officier, de faire à Brest, le 1er prairial, l'inauguration du pavillon national décrété par la Convention pour être arboré sur les bâtiments de la République, par défaut d'étamine ou toile propre pour les faire. Le magasin général n'a jamais pu s'en procurer. Ne serait-il pas nécessaire de rapporter ce décret et de remettre à un autre temps cette cérémonie ? » Voilà qui est net et qui explique tout. Le port de Brest n'avait pas l'étoffe nécessaire pour confectionner les pavillons ; il n'avait donc pu en livrer aux vaisseaux de Villaret le jour de leur sortie pour la croisière, c'est-à-dire le 27 floréal (16 mai). On n'avait réussi à en fabriquer qu'un seul, celui qui flottait au grand mât de la *Montagne*.

Quelques jours après avoir écrit cette première lettre, le commandant des armes revint encore sur sa pénurie d'étamine ou de toile : « Je suis allé, dit-il, moi-même dans les magasins, j'ai couru tous les bureaux pour m'assurer des moyens de fabriquer le pavillon décrété par la Convention nationale : il est absolument impossible de mettre ce décret à exécution dans ce moment-ci... »

De pareilles raisons furent médiocrement goûtées par le Commissaire de la marine, — lisez le ministre, — qui, le 24 prairial, écrivit aux autorités de Brest une lettre de sévères reproches en leur annonçant que leur « infraction » serait communiquée au Comité de Salut public : « C'est lui, citoyens, qui appréciera les motifs mal fondés que le commandant allègue avec une espèce d'indifférence, qui a autant déplu à la Convention que la proposition qu'il ne craint pas de faire en demandant s'il ne serait pas nécessaire de rapporter ce décret et de remettre à un autre temps cette cérémonie. Et il a attendu le 4 prairial pour tenir ce langage ! Et vous avez laissé expirer l'époque fixée par la Convention nationale avant de mettre tout en œuvre, avant d'employer tous les moyens imaginables pour vous procurer de l'étamine ou de la toile ! Que faisaient vos agents ? Que faisiez-vous vous-mêmes...[1] »

A Toulon, ou plutôt à Port-la-Montagne, ainsi que la ville s'appelait depuis sa félonie de 1793, le nouveau pavillon fut arboré à la date prescrite avec toute la pompe possible. L'agent maritime Martin fit de cette journée un récit officiel, qui vaut d'être reproduit. Ce fut, dit-il, « une auguste et solennelle cérémonie, digne d'une grande et majestueuse nation ». Le matin, entre onze heures et midi, un cortège se forma devant la maison des représentants du peuple en mission ; il comprenait les amiraux, les officiers de terre et de mer, les corps constitués, les administrateurs. Le cortège se rendit au quai d'embarquement, où une première cérémonie eut lieu. Mais il faut laisser la parole à l'agent maritime, dont la lettre, toute remplie de l'emphase habituelle à cette époque, a une saveur particulière.

---

[1]. La minute de cette lettre contenait une phrase biffée où on lisait : « Il faut chasser de la vue du peuple de Brest ce pavillon hideux que détestent les républicains et qu'on le remplace par le nouveau qui, par cela seul qu'il présente les trois couleurs, aurait dû être l'objet de tous vos soins. »

« En présence de cet élément qui doit être bientôt le théâtre de nos combats et de nos succès, le pavillon fut hissé sur le vaisseau amiral et les autres bâtiments du port, aux acclamations réitérées d'une foule innombrable de citoyens, et salué par une décharge de l'artillerie des vaisseaux. Le serment requis et prononcé par le représentant Saliceti de défendre jusqu'à la mort l'étendard de la liberté française et de le faire respecter par toutes les nations, fut généralement prêté et scellé par le baiser fraternel donné et rendu réciproquement par les représentants et tous les citoyens rassemblés. »

Du port, le cortège se rendit en rade où l'escadre était mouillée sur plusieurs lignes, ayant les équipages debout sur les vergues. A mesure que le canot portant les membres de la Convention nationale passait devant les vaisseaux, l'air retentissait « du salut chéri des Français, du cri de Vive la République ». Et ici encore il convient de laisser parler l'agent Martin, car la solennité de la cérémonie a inspiré son lyrisme :

« Arrivé au vaisseau amiral, le cortège monta à bord, où la garnison, sous les armes, rendit les honneurs militaires aux représentants. La

Combe Saint-Michel, enflammé d'un saint enthousiasme, annonça, de ce ton pénétrant qui va jusqu'au cœur, que la cérémonie allait avoir lieu, et sur-le-champ on vit flotter à la poupe des vaisseaux et bâtiments l'auguste étendard, au bruit des décharges de chaque bord, et tous renouvelèrent le serment de fidélité et de dévouement à leur pavillon, ainsi que d'obéissance aux lois et à leurs commandants.

« Un repas civique, dont la frugalité, l'égalité et l'union fraternelle furent le principal assaisonnement et qui fut égayé par des santés et des chansons patriotiques, termina cette intéressante cérémonie. Le vertueux La Combe Saint-Michel offrit une scène bien attendrissante dans un de ces instants où l'enthousiasme républicain se manifestait le plus vivement. Il fit approcher son fils, l'éleva dans ses bras et, le posant sur la table du festin, il s'écria : « O ma patrie, reçois aujour-
« d'hui l'offrande solennelle que je te fais de ce
« fils unique, les délices de mon cœur. Si jamais
« il dérogeait aux sentiments patriotiques, cette
« main l'en aurait bientôt puni ! » Tous à l'envi s'empressèrent de serrer dans leurs bras cette précieuse offrande et scellèrent par leurs plus

tendres embrassements le dévouement de ce généreux père. »

Ne souriez pas trop de cette scène ! Je concède qu'elle est étrange et qu'il est plaisant de songer à cet enfant promené de convive en convive autour d'une table de festin ; mais, dans ces élans d'enthousiasme pour la liberté, qui parfois sans doute manquaient de mesure et étaient si naïfs, il y avait une part de sincérité qui doit suffire à les rendre respectables.

Dans les autres ports de la République, l'inauguration du pavillon tricolore ne se fit pas avec moins de solennité. De toutes parts, les autorités maritimes rendirent compte au ministre de l'éclat de cette fête, à laquelle les populations s'associèrent librement. Le ministre s'empressa d'en informer les membres du Comité de Salut public par une lettre du 9 prairial : « Citoyens, leur disait-il, vous ne pourrez pas lire, sans en être délicieusement affectés, les détails que je reçois des ports à propos de la mise en place du nouveau pavillon... Vous verrez avec quelle joie tous les républicains ont vu s'anéantir un pavillon souillé des restes impurs du despotisme et flotter à sa place celui de la liberté. »

L'ADOPTION DU PAVILLON TRICOLORE.

La Convention ne se borna pas à décider que les vaisseaux porteraient à leur poupe le pavillon tricolore. Elle gratifia, en outre, nos armées navales d'un drapeau analogue à celui qu'elle décerna aux armées de terre dans les derniers mois de 1794, en témoignage de reconnaissance. Cette distribution d'étendards d'honneur se fit avec pompe, le dernier jour des sans-culottides (21 septembre), qui était le jour réservé pour la fête dite des *Récompenses*. Voici, au surplus, d'après le *Moniteur*, quel fut le cérémonial adopté pour cette solennité.

Les citoyens se réunirent à 8 heures du matin dans le jardin national, où l'Institut de musique célébra les victoires de la République « et les charmes de la fraternité ». Le président de la Convention commença par lire le décret qui ordonnait que Marat aurait les honneurs du Panthéon et le décret qui ordonnait que, le même jour, le corps de Mirabeau en serait retiré. Il proclama ensuite que toutes les armées de la République, y compris l'armée navale, n'avaient pas cessé de bien mériter de la Patrie. On lui présenta alors pour chacune d'elles un drapeau sur lequel étaient écrits ces mots : « *A l'armée* de..... *la Patrie reconnaissante. Cinquième jour des Sans-Culottides, l'an II.* » Il attacha à tous ces drapeaux une couronne de lauriers et les remit à des soldats blessés ou invalides, désignés pour la circonstance, sous le nom de Défenseurs de la Patrie, et qui, aussitôt après la fête, allèrent porter à chacune des armées le drapeau qui leur avait été confié.

Le 10 octobre, l'armée navale de Villaret-Joyeuse reçut à Brest le drapeau d'honneur qui lui était destiné. Le « défenseur de la Patrie », qui l'avait apporté de Paris, alla le déposer solennellement, suivi d'un nombreux cortège, à bord du vaisseau amiral *la Montagne*. Un mois plus tard, à Toulon, l'invalide Louis Dufour présenta le drapeau de l'armée navale de la Méditerranée, qui fut installé en grande pompe, et en présence de Jeanbon Saint-André, à bord du vaisseau *le Sans-Culotte*. A Toulon comme à Brest, la cérémonie fut entourée de tout l'éclat imaginable et, s'il faut en croire les rapports officiels adressés au ministre, ce fut avec enthousiasme que les braves marins acceptèrent l'étendard en question, « jurant avec l'énergie républicaine de le conserver pur ou de mourir ».

Voilà donc les flottes de la République en possession de drapeaux tricolores offerts « par la Patrie reconnaissante ». Depuis lors, dans toutes les solennités célébrées tant à bord qu'à terre, ces drapeaux étaient déployés en signe d'allégresse[1].

Six ans se passèrent. Certain jour du mois de messidor an VIII, c'est-à-dire le 13 juillet 1800, la ville de Brest célébrait la fête de la Concorde. Le drapeau de l'armée navale fut descendu à terre et conduit par un détachement de marins devant l'autel de la Patrie. Ce fut sa dernière sortie. Le soir même Latouche-Tréville, qui commandait l'escadre, signala à Forfait, ministre de la marine, l'inconvenance du mot de sans-culottide qui déparait l'inscription de ce drapeau. Forfait partagea le sentiment de son subordonné et, dans un rapport au Premier Consul, du 18 thermidor an VIII, il demanda à supprimer

---

1. L'envoi de drapeaux par le Gouvernement avait parfois un caractère d'occasion et une signification de particularité.

Ainsi, le 17 mai 1799, une loi décida que chaque armée et chaque escadre recevrait une oriflamme tricolore avec cette inscription :

La Nation outragée dans la personne de ses plénipotentiaires assassinés à Rastadt par les satellites de l'Autriche. Vengeance!

« une expression ignoble et justement réprouvée ». On le lui accorda : un nouveau drapeau, dont l'inscription ne contenait plus le mot détesté, vint remplacer celui que la Convention avait fait décerner à l'armée navale.

En adressant ce rapport au Premier Consul, Forfait avait également demandé l'autorisation de proscrire l'usage qui consistait à mettre, aux jours de grand pavois, le pavillon anglais sous la poulaine, c'est-à-dire en dessous des commodités de l'équipage. « Ces témoignages de mépris et de dérision pour nos ennemis ont, disait-il, des motifs très louables, mais ils me semblent peu dignes de militaires français. » Sur le rapport même, et de la main de Forfait, on peut lire ces mots dont le laconisme et la netteté trahissent, sans aucun doute, le style de Bonaparte : « L'usage de mettre le pavillon anglais à la poulaine sera détruit à notre première victoire. »

Quatre années plus tard, lorsque l'Empire eut été proclamé, le drapeau d'honneur des armées navales fut décoré de l'inscription suivante : *Respect et fidélité à l'Empereur Napoléon. Dévouement à la Patrie*. Il figura pour la première fois à la cérémonie du sacre, porté par des délégations de marins.

Quant au pavillon de poupe des vaisseaux, on sait quelles vicissitudes il traversa. En 1814, il reprit la couleur blanche, dont les journées glorieuses de la République et de l'Empire avaient fait perdre le souvenir. Au 20 mars 1815, il redevint le pavillon tricolore. Cent jours après, l'enseigne blanche apparut de nouveau pour flotter jusqu'en 1830, où les événements de juillet ramenèrent le pavillon aux trois couleurs nationales.

Raconter les cérémonies d'inauguration de ces divers pavillons serait tomber dans de fastidieuses redites. Toutes ces cérémonies se ressemblèrent, avec leurs salves d'artillerie, leurs pavoisements des mâtures, leurs discours de circonstance et leurs acclamations qui, seules, variaient au gré des événements : un jour, Vive l'Empereur ! le lendemain, Vive le Roi ! Mieux vaut chercher à connaître les sentiments des marins, — ce que de nos jours on appellerait leur état d'âme, — lors des changements successifs apportés aux couleurs françaises. Ce n'est pas à la correspondance officielle qu'il faut demander la nature de ces sentiments. On n'y trouverait, noyées dans une rhétorique de commande, que des louanges pompeuses à l'adresse des pouvoirs nouvellement établis. On y verrait, par exemple, le contre-amiral Lhermitte, préfet maritime à Toulon, assurer tour à tour, à quelques mois de distance, le roi et l'empereur « de la vénération et de l'amour des officiers de marine ». Pour recueillir les impressions véritables de ces derniers, il faut interroger l'un de « ces livres intimes, dont on a dit qu'ils donnaient, par leur sincérité vivante, l'illusion d'être le contemporain d'une époque disparue ». La bibliographie maritime compte un de ces ouvrages. Il a pour titre : *Mémoires pittoresques d'un officier de marine,* par le capitaine de vaisseau Leconte. Toutefois, convient-il de faire observer que le capitaine Leconte était un fervent admirateur de l'Empereur. Fils d'un modeste marin de Cherbourg, il avait grandi dans le culte de Napoléon. Dans sa jeunesse, nous dit-il, « un nom se répétait et prenait une consistance telle qu'il n'y a que les personnes de ce temps qui puissent bien l'apprécier. Ce nom était celui du général Bonaparte, qui faisait la conquête de l'Italie et imposait la paix à l'Autriche. Le héros était déjà un dieu pour la France et l'enfance en faisait son idole. » Parvenu à l'âge d'homme, le capitaine Leconte avait subi la fascination qu'exerçait Napoléon sur ceux qui l'approchaient et particulièrement sur ceux qui suivaient la carrière des armes. Les appréciations de l'auteur des *Mémoires pittoresques* se ressentent évidemment de ses préférences politiques; mais, comme elles étaient partagées par la grande majorité de ses camarades, elles n'en sont pas moins intéressantes à reproduire.

En 1814, Leconte, alors enseigne de vaisseau, servait à la Grande-Armée. Il était du nombre des marins que l'on avait fait descendre de leurs navires pour combattre à côté des troupes de terre et tenter un suprême effort contre l'invasion étrangère. Il conduisit à Meaux, à la Ferté-sous-Jouarre, à Montmirail, à Arcis, sa compagnie de marins artilleurs. Le jour de l'abdication de l'Empereur, il se trouvait avec ses hommes à Fontainebleau, d'où l'ordre lui parvint de se rendre dans le Maine. « Ce fut, dit-il, à Janville que nous vîmes les premières cocardes blanches qui, monstrueusement grandes en ruban satiné, nous parurent merveilleusement ridicules. Le colonel d'artillerie Schell nous commandait; c'était un digne homme, désespéré du nouvel état de choses. Nous traversâmes la Beauce, le pays chartrain et le Maine avec nos cocardes tricolores, qui n'empêchaient pas les populations de nous bien recevoir et traiter. Ce ne fut qu'à notre arrivée au Mans que nous eûmes le chagrin de changer de cocarde. Le colonel Schell nous fit une petite allocution de circonstance; ce vieux soldat pleurait à chaudes larmes. » Leconte ne nous dit pas qu'il ait fait comme son chef; mais, à son langage, on devine combien sa tristesse était profonde. Quel était, d'ailleurs, le combattant de cette immortelle campagne de France qui n'avait senti son cœur se serrer douloureusement à la nouvelle du départ de Napoléon? Dans cette poignante journée des adieux de Fontainebleau, tout le monde avait pleuré. Un autre témoin de ces scènes pénibles, le capitaine Coignet, nous l'a appris : « On n'entendait qu'un gémissement dans tous les rangs. Je puis dire que je versai des larmes de voir mon cher Empereur partir pour l'île d'Elbe. »

La Restauration, avec son drapeau blanc, fut donc mal accueillie par la marine, et la joie fut grande dans les ports quand on y apprit le retour de l'île d'Elbe. « Le débarquement de Napoléon sur les côtes de Provence et sa marche sur Paris nous causèrent une vive émotion. L'Empereur avait tous nos vœux et nous ne savions pas les dissimuler. Les événements marchèrent vite, comme on sait ; nous eûmes bientôt à reprendre notre vieux drapeau et notre cocarde. Notre enthousiasme était au comble ; pour nous autres, jeunes gens, c'était l'âge d'or qui revenait. » A Toulon, comme à Brest, l'enthousiasme le plus vif présida au rétablissement des couleurs nationales et des emblèmes du Gouvernement impérial. La satisfaction des marins fut unanime. Sur les nombreux officiers du port de Toulon, deux lieutenants de vaisseau seulement refusèrent de se délier du serment de fidélité prêté au roi Louis XVIII.

Pendant les Cent-Jours, Leconte fut placé dans l'un des équipages de haut bord réorganisés par Decrès. Cet équipage, qui portait le n° 18, et qui était commandé par le capitaine de frégate Arnous, fut envoyé dans le département des Côtes-du-Nord pour surveiller et réprimer les menées des royalistes, très nombreux et très remuants dans cette partie de la Bretagne. C'est au cours de cette besogne essentiellement anti-maritime, que les marins du commandant Arnous apprirent le désastre de Waterloo et le changement de régime qui en fut la conséquence. Leur premier mouvement fut de protester. La ville de Saint-Brieuc, qui comptait une bourgeoisie très napoléonienne, les imita et conserva pendant quatre ou cinq jours encore le drapeau tricolore. Cependant, lorsque le départ de l'Empereur pour Rochefort fut connu, attestant que la chute de l'Empire était définitivement consommée, les habitants de Saint-Brieuc ne purent différer plus longtemps la reconnaissance du gouvernement des Bourbons ; ils se décidèrent à laisser arborer le drapeau blanc sur leur hôtel de ville. Que firent les marins ? Le capitaine Leconte nous l'apprend : « Le commandant Arnous, qui jusqu'à ce jour nous avait paru un peu tiède, refusa d'obtempérer au changement de cocarde et de drapeau. Dès le point du jour, il fit réunir chez lui tous les officiers de marine ; il nous fit connaître officiellement le changement qui allait se faire à Saint-Brieuc, nous dit que chacun, dans les circonstances présentes, devait agir suivant ses convictions, et que nous étions tous libres ; que cependant, selon lui, nous ne devions rien faire qui pût nous séparer de la marine et qu'il ne changerait de cocarde que sur les ordres du préfet maritime de Brest. Le plus grand nombre, dont je faisais partie, trouva la pensée du commandant Arnous la plus sage et la plus nationale. Après cette conférence, le commandant fut rendre compte au général de la résolution que nous avions prise. Celui-ci témoigna du mécontentement et donna l'ordre que nous fussions sortis de Saint-Brieuc avec nos marins avant 9 heures du matin. Nous nous empressâmes de partir. »

Cette résistance des officiers de marine à arborer les insignes du nouveau gouvernement était presque de l'indiscipline. Mais elle partait d'un sentiment si touchant, qu'on ne saurait se défendre de lui trouver une excuse. Ces soldats poussaient à l'extrême la fidélité à leur drapeau, au drapeau sous lequel ils avaient combattu, souffert et parfois vaincu. Qui oserait les blâmer trop sévèrement ? Le maréchal Davout, l'homme du devoir par excellence, avait été quelque temps auparavant enfermé dans Hambourg et assiégé par des forces trois fois supérieures aux siennes.

« Refusant toute explication avec l'ennemi qui lui disait que Louis XVIII était revenu sur le trône; continuant, malgré tous les drapeaux blancs qu'on agitait autour de lui, à maintenir le drapeau tricolore, il ne reconnut les Bourbons que lorsque le général Gérard, qui avait toute sa confiance, lui apporta au nom du roi, l'ordre même de ramener son armée en France[1]. » Les marins du 18e équipage de haut bord n'eurent pas besoin de la visite d'un émissaire pour accepter le régime nouveau; quand ils eurent reçu un ordre du préfet maritime leur enjoignant de faire disparaître leurs chères cocardes tricolores, ils se soumirent; mais ils trouvèrent le moyen de manifester leur mauvaise humeur « en mettant tous des tranches de pommes de terre crues à leurs chapeaux, en guise de cocardes blanches, et en poussant des cris d'animaux ».

Avec de telles dispositions d'esprit les marins étaient gens à ménager. On le comprit à Toulon. Bien que le roi fût rentré dans la capitale le 8 juillet, c'est le 21 seulement que le pavillon blanc fut arboré sur la flotte. On avait jugé ce

---

1. R. Vallery-Radot, *Un coin de Bourgogne*.

long délai nécessaire pour préparer les esprits au changement de drapeau : « La garnison, dit un historien de Toulon, M. Brun, était devenue très nombreuse. Elle comptait 5,000 à 6,000 hommes qui révoquaient en doute les grands événements arrivés et faisaient difficilement le sacrifice de leurs anciennes affections. On vit trois officiers supérieurs de la marine et vingt lieutenants ou enseignes de vaisseau se porter chez le maréchal Brune et protester contre la résolution de leurs chefs de faire rentrer la ville et le port sous l'autorité du roi. Il avait fallu la fermeté des chefs de terre et de mer pour prévenir toute commotion dans la ville et maintenir le militaire dans la discipline et l'obéissance. » Mais la période de ménagements ne dura guère. A peine installée, la Restauration fit payer chèrement aux officiers de marine leur fidélité à l'ancien drapeau. La marine fut mise en coupe réglée. On fit rentrer dans les cadres de l'étatmajor avec un grade supérieur tous les officiers, émigrés ou autres, qui avaient servi avant la Révolution, tandis qu'on mit brutalement à la demisolde de bons et anciens serviteurs, ayant péniblement gagné leurs épaulettes dans les dernières guerres. « Presque tous ces *rentrants,* dit le capitaine Leconte, étaient des vieillards apportant avec eux leurs vieux préjugés..., c'étaient des nullités », dont beaucoup n'avaient pas vu la mer depuis vingt-cinq ans. En outre, les nobles, qui avaient des appuis en haut lieu, allaient évidemment paralyser l'avancement des autres. Aussi les officiers de fortune, comme Leconte, se trouvaient-ils cruellement lésés. Ils ne cessaient de gémir contre les Bourbons, cause de tout ce mal. Et même, quand les rentrants furent à leur tour immolés, à la suite du naufrage de la *Méduse* (dont le commandant, un émigré, s'était si mal conduit), nombre d'anciens marins de l'Empire continuèrent à tenir rigueur à la Restauration et ne lui pardonnèrent pas ses premières mesures vexatoires...

Quinze années plus tard, en 1830, le capitaine Leconte était à Saint-Pierre et Miquelon sur la corvette *l'Hébé,* lorsqu'un négociant communiqua à l'état-major de ce navire des journaux venant d'Angleterre. Ils contenaient le récit de la révolution qui avait éclaté à Paris dans les derniers jours du mois de juillet. « Le commandant et toutes les personnes qui l'entouraient, dit le capitaine Leconte, reçurent ces nouvelles avec les démonstrations de la joie la plus vive et je la partageai. Connaissant le résultat des élections et ayant vu surgir une Chambre des députés hostile au Gouvernement, la fameuse nouvelle ne m'étonna que fort peu. La reprise du drapeau tricolore fut la chose principale ; elle obtint l'assentiment des habitants et des nombreux pêcheurs qui se trouvaient à Saint-Pierre ; d'après ce que j'ai vu depuis, je suis convaincu que la principale faute que fit Louis XVIII, en rentrant en France, fut de proscrire des couleurs qui étaient devenues nationales. Malgré la joie unanime, le commandant ne jugea pas devoir changer de pavillon avant d'en avoir reçu l'ordre. Il ne tarda pas à lui parvenir. »

Le capitaine Leconte, dont le livre est si fécond en anecdotes, cite deux incidents assez singuliers qui se rapportent aux couleurs nationales. Revenant en France, dans les derniers mois de 1830, sur une corvette désemparée par la tempête et presque coulant bas d'eau, les vents le poussèrent devant Viana, sur la côte de Portugal. A l'approche de la terre, le commandant de la corvette fit tirer des coups de canon de détresse et mit son pavillon en berne pour appeler du secours. Une grande chaloupe sortit de la rivière et vint le long du bord. « Dès que le pilote put distinguer le drapeau tricolore, il déclara, au nom du commandant de la place de Viana, que l'entrée du port était impossible et que les forts tireraient sur nous si nous tentions de passer la barre. » L'infortunée corvette dut prendre le large, alors que les lois les plus élémentaires de l'humanité, en dépit de toute considération politique, faisaient un devoir de l'accueillir généreusement.

Vers la même époque, dans ce même Portugal, le commandant de la frégate *l'Atalante* voulut faire transformer, en cocardes tricolores, les cocardes blanches qui ornaient la coiffure de ses hommes. Ces cocardes étant en métal, il suffisait de les peindre pour opérer la transformation. Un officier de la frégate descendit à Lisbonne pour s'entendre, à ce propos, avec un ouvrier quelconque. Mais quelle ne fut pas sa surprise en se voyant éconduit obstinément partout où il se présentait ! « La cocarde de l'Empire était un épouvantail pour tous, dit Leconte. Un chapelier fut le seul qui voulut bien se charger de changer la couleur des cocardes; mais il déclara qu'il ne le ferait qu'autant qu'il y serait autorisé par le chef de la police. Ce magistrat trouva la chose assez importante pour la faire soumettre à dom Miguel, qui autorisa à peindre et à confectionner autant de cocardes tricolores que l'on pourrait en désirer. »

Ces deux anecdotes méritaient d'être tirées de l'oubli. Elles sont vraiment caractéristiques quand on les rapproche de cette phrase du capitaine Leconte : « La cocarde de l'Empire était un épouvantail pour tous ! » A la distance où nous sommes de ces incidents, il nous paraît surprenant de voir une pareille réception faite au pavillon tricolore, à ce pavillon qui, selon le mot de Lamartine, avait fait le tour du monde. Mais, après tout, si les étrangers s'alarmaient de la réapparition de ces glorieuses couleurs, n'était-ce pas surtout parce qu'elles avaient fait le tour du monde ? Nos navires pouvaient être fiers de les porter à leur poupe.

Nota. — Le 26 février 1848 un décret du Gouvernement provisoire signé de Garnier-Pagès, Ad. Crémieux, Louis Blanc et une circulaire de

F. Arago, ministre de la marine, en date du 5 mars, prescrivirent que le pavillon de la République serait « bleu à la gaine, rouge au milieu, blanc au battant ». Il y eut tant de surprise et tant de réclamations qu'une circulaire du 7 mars adressée aux préfets maritimes annula celle du 5.

LA
LIVRAISON DE TOULON
AUX ANGLAIS
(1793)

Dès les premiers mois de 1789, Toulon avait été l'une des villes les plus agitées, l'une de celles où la fièvre révolutionnaire s'était manifestée avec les symptômes les plus alarmants. Le 29 mars de cette année, au lendemain d'une première émeute, le commandant de la marine, M. d'Albert de Rions, écrivait au ministre : « ..... La populace à Toulon est en grande partie composée de marins et d'ouvriers de l'arsenal ; leurs femmes et leurs enfants y jouent un grand rôle. Vous vous imaginerez sans peine que, dans un pareil moment, des gens qui n'ont que leur travail pour vivre, qui souffrent également de la rigueur de la saison et de la cherté des vivres, et qui ne sont pas payés, ne se sont pas fait faute de se plaindre et de crier. J'ai craint plus d'une fois, j'ose vous l'avouer, de ne pas en être le maître. »

Ces craintes devaient bientôt se justifier. Le 1ᵉʳ décembre, le comte d'Albert se trouva impuissant devant l'émeute. La foule l'arracha de son hôtel et le jeta en prison avec d'autres officiers de marine : la municipalité, qui les tint prisonniers sous le fallacieux prétexte de les soustraire à la violence du peuple, refusa de les mettre en liberté, malgré l'ordre du roi transmis par le ministre. Ce ne fut que le quinzième jour seulement, et après que l'Assemblée nationale en eut délibéré, que ces officiers purent enfin sortir de leur cachot.

Cet abus de pouvoir n'ayant pas été puni, l'audace des fauteurs de désordre s'en accrut. Et comme la misère qui étreignait si durement la population ne cessait pas, comme les paiements de la solde acquise étaient toujours différés, la surexcitation de la classe ouvrière ne connut bientôt plus de bornes. Il y eut des périodes de tranquillité, par exemple au moment de la Fédération du 14 juillet 1790, où chacun se reprit à espérer le retour de la concorde et de l'union.

Mais ces trêves étaient de courte durée; les jours qui les suivaient semblaient marqués par de plus violents excès. Dans cette ville qui ne vivait, pour ainsi dire, que de l'arsenal, dans ce port où les chefs de la marine avaient joui jusqu'alors d'un prestige incontesté, l'autorité maritime fut bafouée et méconnue. Le 11 août 1790, par exemple, le capitaine de vaisseau de Castellet fut assailli par une bande d'ouvriers du port, traîné sous une potence ; il eût péri d'une mort ignominieuse par la main de ces forcenés, si quelques soldats que le hasard avait conduits là ne l'avaient délivré. « Les doctrines révolutionnaires, a écrit M. George Duruy, trouvèrent dans cette population rude, grossière et mécontente un terrain particulièrement favorable à leur développement. L'arsenal devint un lieu de prédication politique et d'ardente propagande. La masse des ouvriers se laissait peu à peu gagner à la griserie de ces grands mots de liberté, d'égalité, de fraternité..... La crainte d'une conspiration contre la liberté naissante inspirait à ces hommes, hier encore dociles à leurs chefs, d'insurmontables préventions contre eux, les remplissait de haine en même temps que de soupçons, les gagnait peu à peu à la sanguinaire doctrine qui commençait à se répandre : que le gentilhomme, le prêtre, l'officier étaient les ennemis-nés de la Révolution et que c'était entre elle et eux un duel à mort où il fallait qu'elle frappât la première sous peine de périr[1]. »

En exploitant ces sentiments, une *Société patriotique des Amis de la Liberté et de l'Égalité*, qui s'était fondée en 1790, n'avait pas tardé à attirer dans son sein les plus exaltés des citoyens toulonnais. Ce club, qui se réunissait à l'église Saint-Jean, devint bientôt une puissance dictant ses ordres à la commune, toujours prompte à lui obéir. Pour battre en brèche les fureurs démagogiques qu'il déchaînait avec une âpreté inouïe, un certain nombre de citoyens modérés et paisibles fondèrent un second club, sous le nom de *Société de Saint-Pierre*. Telle était la violence des passions, que les deux partis ennemis ne tardèrent pas à en venir aux mains sur l'une des places de la ville. Le sang coula, cinq personnes furent tuées, mais l'avantage resta à la Société patriotique, si bien que le club

---

1. George Duruy, *La sédition de 1789 à Toulon*.

de Saint-Pierre dut se dissoudre. Dès lors le club de Saint-Jean fut le seul maître. Il en profita pour se livrer aux pires violences, jetant dans les casemates des forts tous les citoyens qui lui étaient hostiles, et allant chercher, pour semer la terreur, des auxiliaires jusque dans les bagnes. « Dix-huit cents forçats furent un jour déchaînés et parcoururent les rues aux cris de : « Vive la Nation ! Vive la Liberté ! » Ils attendaient le signal du pillage, lorsque la garde nationale vint conjurer cet orage et sauver la ville[1]. » Malheureusement cette garde nationale ne s'était montrée énergique que devant les forçats. Elle n'avait pas su ni peut-être voulu empêcher, le 28 juillet 1792, le massacre des cinq membres du Directoire du département qui avaient osé traiter de factieux les membres des sociétés patriotiques ; elle n'avait pas su protéger la vie d'autres citoyens désignés aux coups des *buveurs de sang* par les énergumènes du club ; elle ne sut pas davantage arrêter le bras des assassins qui, quelques semaines plus tard, assommèrent ou pendirent à

---

[1]. Z. Pons, *Mémoire pour servir à l'histoire de Toulon en 1793*.

des réverbères le comte de Flotte, commandant de la marine, ainsi que trois capitaines de vaisseau. Ce sont ces massacres que Dubois-Crancé, alors à Toulon comme chef d'état-major d'Anselme dans l'armée du Var, commentait en disant : « Nous avons écrasé quelques punaises. »

Les scènes les plus atroces se déroulèrent dans ces jours de deuil. La foule se livra à des actes de sauvagerie sans nom. De la lanterne où il avait expiré, le comte de Flotte avait été descendu, puis mutilé à coups de pique. Les autres victimes avaient été pendues, « les unes par le cou, les autres par les deux pieds ou par un seul et hachées de coups de sabre ». Un citoyen, le sieur Reboul, fut décapité ; « on lui ouvrit la bouche pour y verser du vin, on lui mit une pipe entre les dents, puis on alla déposer cette tête outragée et souillée sous le cadavre du malheureux, pendu par les poignets[1]. » Dans le sang qui coulait des blessures du capitaine de vaisseau de Rochemore, un ouvrier, le chaudronnier Barry, se lava les mains aux applaudissements de la foule...... D'ailleurs, tout le département

---

1. Henry, *Histoire de Toulon pendant la Révolution*, t. II.

du Var était en ébullition ; dans toutes les communes il y avait un club prêt à marcher sous la direction du club de Toulon. C'est de celui-ci que venait le mot d'ordre et c'est Sylvestre, son président, qui avait annoncé aux Jacobins de la région « que l'on ferait bientôt à Toulon une Saint-Barthélemy nouvelle[1] ».

Devant ces atrocités sanguinaires qui jetaient sur la malheureuse cité un voile de tristesse et d'effroi, la municipalité demeurait simple spectatrice. Issue du club patriotique, elle faisait corps avec cette société où soufflaient les plus mauvaises passions. Elle en partageait les violences, du moins son silence ressemblait-il fort à une complicité. Quand le commandant de la place venait faire requérir la loi martiale, elle s'y refusait, voulant, disait-elle, « n'en arriver à cette extrémité qu'après avoir épuisé les moyens de persuasion propres à faire rentrer les citoyens en eux-mêmes et à les rappeler au respect dû aux personnes et aux propriétés », ou bien, comme le raconte un témoin oculaire, « elle avait soin

---

1. Taine, *Les origines de la France contemporaine. — La conquête Jacobine.*

de demander la force armée ou de faire battre la générale lorsque tout était fini[1] ». Au lendemain des massacres les plus sanglants, elle ne faisait rien pour en prévenir le retour, elle ne prenait aucune mesure : elle se contentait de proférer quelques lamentations hypocrites qui n'ajoutaient qu'à l'horreur de sa criminelle attitude ; après quoi elle organisait, sur les places de la ville, des banquets civiques qui, sous couleur de fêter la réconciliation des citoyens, n'étaient qu'une occasion d'orgies et d'excitation à de nouveaux crimes.

Pour faire contrepoids à une telle municipalité, il eût fallu à la tête du port des hommes énergiques et résolus. La marine, hélas ! ne comptait plus de ces serviteurs, ou, si elle en comptait encore, ils étaient noyés dans la masse et ne formaient plus qu'une infime minorité.

Recrutés presque exclusivement dans la noblesse, les officiers de la marine de Louis XVI avaient été, dès les premières heures de la Révolution, regardés comme suspects par ceux qui

---

1. *Les Cahiers du capitaine Laugier,* publiés, d'après le manuscrit original, par L. Pélissier, professeur à la Faculté des lettres de Montpellier.

avaient déclaré la guerre aux abus et aux privilèges. L'Assemblée avait nettement manifesté son opinion à leur égard en supprimant, au mois d'avril 1791, l'ancien corps de la marine et en le remplaçant par une hiérarchie qui mettait sur le même pied les marins du commerce et les marins de l'État. Blessés dans leur amour-propre, beaucoup d'officiers avaient à ce moment abandonné leur poste pour aller grossir, le long de nos frontières, les rangs des émigrés. Ceux qui, plus Français que royalistes, étaient demeurés fidèles à leur devoir, ne tardèrent pas à être écœurés à leur tour, quand ils virent les équipages révoltés recevoir l'absolution et parfois même les encouragements de l'Assemblée, puisque les révoltes, les refus d'obéissance des inférieurs étaient regardés comme les légitimes revendications des opprimés ! « Ceux qui devaient obéir, écrit Bertrand de Molleville dans ses *Mémoires,* avaient osé faire des menaces ; ceux qui devaient commander étaient dépouillés de toute leur autorité, on les accablait impunément d'injures et d'insultes ; je dis impunément, car il n'y a pas eu un seul exemple de punition infligée sur qui que ce soit à l'occasion des insurrections sur les flottes et dans les ports, ou des révoltes excitées contre les officiers de marine¹. » Alors tous les officiers qui avaient le souci de leur dignité abandonnèrent la partie : ils émigrèrent ou s'enfuirent loin des ports, loin de leurs navires en insurrection constante. Pour les remplacer, il fallut autoriser les officiers en retraite à prendre du service, élargir les conditions d'avancement, ouvrir de plus en plus la porte aux marins de la marine marchande. On vit donc arriver tout d'un coup aux sommets de la hiérarchie navale, les quelques officiers de carrière qui avaient embrassé avec conviction les idées nouvelles et, en même temps qu'eux, une foule d'ambitieux qui s'étaient faits jacobins par calcul ou par crainte, dans la seule intention de plaire aux clubs, afin d'en recevoir les certificats de civisme, indispensables pour acquérir des grades dans la marine républicaine.

Les clubs des ports, en effet, et en particulier le club de Toulon, s'ingéraient directement dans les affaires de la marine. Le ministre de la ma-

---

1. *Mémoires de Bertrand de Molleville* (ministre de la marine du 18 septembre 1791 au 15 mars 1792), t. II.

rine lui-même leur en avait donné le droit, à plusieurs reprises, en demandant aux clubistes des sociétés populaires de vouloir bien l'aider dans sa tâche : « Je vous offre, citoyens mes amis, leur écrivait-il, une occasion de plus d'être utiles à la République et je ne doute pas que vous n'y mettiez célérité, exactitude et économie. Agissons toujours de concert pour le service du peuple et le peuple sera toujours libre et heureux..... Frères et amis, mettez les vérités sous les yeux de nos marins. Réveillez en eux cette énergie qui brûle dans les cœurs français du saint amour de la liberté. Dites-leur que ce n'est plus la cause d'une cour corrompue, d'un roi imbécile qu'ils servent ; c'est la cause sacrée de la liberté..... Je me suis adressé à vous avec confiance, mes concitoyens, parce que je sais tout le bien que vous avez fait à la cause de la liberté par votre inébranlable fermeté dans les bons principes et par votre ardent amour de la vérité, caractère distinctif des sociétés populaires[1]. »
Fort de cet appel à son dévouement, le club de

---

[1]. Lettre du ministre Monge du 31 décembre 1792. (*Archives de la marine.*)

Saint-Jean s'était empressé, comme bien on pense, d'exciter le « civisme » des marins. Rien ne pouvait lui plaire davantage que d'avoir une mission officielle lui donnant droit d'ingérence dans les choses de la marine, dans une administration naguère encore exclusivement aristocratique. Il y goûtait toutes les satisfactions d'une revanche sur la classe des nobles.

De leur côté, les chefs du port, mis au courant des intentions ministérielles, étaient tenus de composer avec le club, s'ils voulaient conserver leur place et ne pas être traités en suspects. Ils sollicitaient volontiers les avis de la municipalité et de ceux qui la menaient. Ils leur demandaient de témoigner de leur zèle et de leur activité. Le vaisseau *le Ça-Ira* n'armant pas assez vite au gré du ministre, ils provoquaient une visite du vaisseau par des députés de tous les corps constitués de la ville et se faisaient délivrer un procès-verbal certifiant que le retard de l'armement du *Ça-Ira* ne leur incombait pas. L'ordonnateur, voyant les ouvriers refuser leur paiement en assignats, allait trouver les chefs du club pour leur demander « de faire exécuter les lois et rétablir l'ordre ». Et, comme l'intervention des clubistes avait réussi, cet ordonnateur écrivait au ministre : « Nous devons de grands remerciements aux corps administratifs, et particulièrement aux Amis de la Liberté du club, qui ont fait éclater dans cette occasion leur civisme et leur amour pour la République. Il me serait impossible de vous peindre combien ils sont dignes d'éloges à cet égard[1]. »

Les amiraux demeurant en rade, sur les navires formant l'armée navale de la Méditerranée, n'étaient pas moins que les chefs du port, désireux de se faire bien venir de ceux qui régnaient sur la cité. Le contre-amiral Truguet, commandant en chef l'escadre, était en coquetterie avec eux. Le soir du bombardement d'Oneille[2], il écrivait aux trois corps administratifs, c'est-à-dire aux séides du club : « Excusez mon griffonnage, citoyens, il vous prouvera du moins le désir que j'ai de vous rendre compte de ma conduite et de

---

[1]. Lettre au ministre de l'ordonnateur Vincent, 12 novembre 1792. (*Archives de la marine.*)

[2]. Oneille est une petite ville italienne sur le golfe de Gênes. En 1792, pendant que le général de Montesquiou devait s'emparer de la Savoie, l'escadre de la Méditerranée devait opérer sur les côtes. Des officiers envoyés en parlementaires ayant été massacrés par les habitants d'Oneille, la ville fut bombardée et incendiée par l'escadre de Truguet.

me rendre digne de votre suffrage. » Le successeur de Truguet, ou du moins son remplaçant intérimaire, l'amiral Trogoff, s'adressait au président du club pour le prévenir de la mutinerie de deux équipages de frégates et lui demander ses bons offices : « Je vous prierai donc, citoyen président, lui écrivait-il, d'engager la Société à user de toute son influence pour aider les corps administratifs et moi, afin que nous puissions faire partir sans délai les chebecks algériens sous l'escorte des deux frégates. »

Flatté de ces sollicitations et de ces prévenances, satisfait du rôle qu'on lui donnait, le club ne fit que s'immiscer chaque jour davantage dans la direction des affaires maritimes. Il faisait retirer à un officier noble le commandement d'une frégate. Il réglait, de concert avec les officiers, les instructions à donner aux navires chargés d'aller réprimer les corsaires sur la côte. Enfin certain jour, sous la pression d'un nommé Barthélemy, le plus odieux des forcenés de ce temps, qui remplissait les fonctions de commissaire auditeur près la cour martiale de la marine, les corps administratifs n'hésitèrent pas à informer contre le capitaine de vaisseau Basterot, de la *Melpomène,* coupable de n'avoir pas su maintenir le bon ordre sur sa frégate et qui, malade et d'une intelligence affaiblie, avait droit à toute indulgence. Mais il provenait de l'ancienne marine royale, comme tel il était suspect, et il paya de sa vie son manque d'autorité.

Voici comment un ouvrier de Bayonne, envoyé à Toulon pour les travaux du port, raconte la triste fin de l'infortuné capitaine Basterot dans une lettre à un de ses compatriotes : « Il est arrivé ici, dit-il, le 22 avril, la *Minerve* et la *Melpomène*. L'équipage, s'étant révolté, ne voulut point repartir pour aller à Alger chercher un convoi de froment pour Toulon ; ils demandèrent huit jours pour se rafraîchir. Les officiers municipaux, le général et le commissaire ont été à bord pour les faire partir, mais ils ont été mal reçus. L'équipage s'est mis à crier : « A bas ! A bas ! » Le capitaine de la *Melpomène* y était compris. Le lendemain, on a mis le capitaine à terre et tout l'équipage les fers aux pieds et aux mains. Le capitaine et trente hommes de l'équipage ont été condamnés à la guillotine. »

Cet ouvrier bayonnais se trompe. Un seul marin, le canonnier Jérôme Laurent, fut passé par les armes, avec le capitaine Basterot, sur le bord de la mer, à la vue de toute l'escadre. Le club se contenta de sacrifier deux, et non pas trente victimes, à sa fureur sanguinaire. Est-il besoin d'ajouter que Barthélemy, le meneur de cette affaire, fut approuvé par le ministre? Il reçut, en effet, cette lettre datée du 14 mai : « Le ministre a pris connaissance, citoyen, de votre plainte contre les principaux coupables de la *Melpomène* et de la *Minerve*. La conduite du directoire du Var, dans cette circonstance, est digne d'éloges, et vous savez qu'il en a été fait mention à la Convention nationale. Le ministre n'a pu voir sans indignation la conduite du capitaine Basterot, et si quelque chose a pu faire diversion à ce sentiment, c'est le zèle et le civisme des équipages qui ont remplacé les rebelles. Il est bien à désirer que la juste punition qu'ils éprouvent en impose aux mauvais Français, aux traîtres, et rétablisse enfin la subordination, si nécessaire parmi les équipages. »

Avec de tels procédés de gouvernement, avec une telle confusion dans les droits et les devoirs de chacun, l'anarchie devait régner dans l'arsenal. Et, en effet, ce vaste chantier, qui n'occupait pas moins de 6,000 ouvriers, offrait le spectacle d'une usine en grève. Les chefs y étaient traités avec méfiance. Leurs actes étaient chaque jour, presque chaque heure, discutés, commentés et réprouvés dans un club spécial aux seuls ouvriers, club qui avait délégué sa direction à une sorte de comité, formé des gens les plus avancés, et qui constituait « une véritable puissance à côté des chefs, pour leur lier les bras ». Ce club de l'arsenal avait été, pour ainsi dire, reconnu par l'autorité, car les ouvriers qui abandonnaient les travaux pour assister aux séances ne perdaient pas leur salaire de la journée. C'était un encouragement à la paresse, même pour ceux qui ne se rendaient pas au club. Aussi les ouvriers se faisaient-ils de plus en plus rares sur les chantiers. Les commis préposés aux appels, menacés d'être pendus à la moindre observation, n'osaient pas noter les absents. En octobre 1792, les journées d'ouvriers et les ouvrages à prix fait avaient coûté 215,777 livres, alors que les travaux réellement exécutés n'étaient pas évalués à plus de 20,000 livres[1].

---

1. « Notes sur l'armée navale du port de Toulon et sur l'arse-

Voici, au surplus, le tableau que trace le Bayonnais déjà cité, dans sa lettre datée du 15 mai 1793 : « Je vous dirai que nous sommes 50,000 hommes et en outre 6,000 ouvriers ; avec tout ça l'ouvrage ne se presse pas, car ça fait frémir de voir dans un port tant de monde à rien faire. Ils se font donner leur demi-solde et ils s'en vont dans les auberges depuis le matin jusqu'au soir, ainsi que les ouvriers de l'arsenal, qui ne travaillent pas trois heures par jour, ainsi que les marins. Je frémis tous les jours de voir voler les journées à la nation. On se trouve à l'appel, après ils s'en vont travailler ailleurs ou vont dormir la moitié du jour. A l'égard des Bayonnais, les Provençaux sont jaloux de nous, en disant que nous travaillons de trop. Le contremaître même nous a dit plusieurs fois de ne pas tant travailler, mais nous n'écoutons pas les mauvais conseils. On dit que les Marseillais sont de bons patriotes, et moi je dis qu'ils ne le sont pas, et voici mes motifs : tout citoyen qui

---

nal — Abus à réformer pour la rendre plus utile à la République, — adressées au citoyen commissaire Aubry, député de la Convention nationale, par l'ordonnateur Vincent, le 6 décembre 1792. » (*Archives de la marine.*)

ne travaille pas selon sa conscience, en sachant que la République est en danger plus que jamais, ne gagne pas l'argent, mais il le vole. Nous sommes obligés de filer doux et de ne dire mot. Depuis trois mois, l'on n'a armé que quatre vaisseaux et quelques frégates, et je vois avec regret que la République est perdue si la Convention nationale ne décrète pas une loi de subordination, car tout le monde est maître et fait ce qu'il veut : voilà le *mal de la liberté*. La Société des amis de la Liberté et de l'Égalité, de Toulon, fait tout son possible pour mettre le bon ordre et faire armer tous les vaisseaux ; mais ils n'en peuvent venir à bout et il y en aura pour six mois avant qu'ils ne soient tous prêts. »

La suspicion dans laquelle les autorités de l'arsenal se tenaient réciproquement favorisait le désordre : « Rien n'avance, écrivait au ministre le citoyen Doinet, surveillant des travaux. Les chefs rejettent la faute sur les ouvriers, tandis qu'eux-mêmes sont coupables sans le faire paraître. J'avais promis politiquement de donner quelques moyens à l'ordonnateur, mais, je suis fâché de vous le dire, au premier aspect il ne mérite pas ma confiance... Je vous réponds que quand le Père Éternel vous enverrait son Saint-Esprit, il serait impossible par vous-même de remédier à tout cela[1]. » Ce n'était point le Saint-Esprit qu'on envoyait pour remédier à l'anarchie qui régnait dans le port, c'était le club qui, dépassant bien vite les limites du concours qu'on avait imprudemment sollicité de lui, était devenu la véritable autorité agissante.

A la longue, l'ordonnateur et le commandant avaient fini par se plaindre de cette tutelle, qui leur devenait intolérable ; le ministre lui-même s'était vu contraint de demander à la Convention des mesures contre « les corps administratifs de Toulon, qui entravaient le service du port[2] ». Malheureusement le ministre, l'ordonnateur et le commandant avaient été les premiers à faire cette étrange et déplorable confusion de pouvoirs.

A Toulon donc, quand s'ouvre l'année 1793, le club est tout-puissant : la municipalité est à sa dévotion, le directoire du département et celui du district sont peuplés de ses créatures,

---

1. Lettre du citoyen Doinet au ministre, 31 mars 1792. (*Archives de la marine.*)
2. Lettre du ministre au président du Comité de défense générale, janvier 1793. (*Archives de la marine.*)

la marine abdique devant lui. Ce club impose sa tyrannique oppression à toutes les autorités civiles ou militaires, il règne en maître sur la ville, et, au mois de mai, il jette soixante-douze individus suspects, hommes ou femmes, dans les cachots du fort Lamalgue. Toulon subit, avec ses pires excès, le régime de la Terreur.

Mais la Terreur n'est pas le seul des maux que connaissent alors les infortunés Toulonnais. La guerre, déclarée par la Convention le 1er février 1793, pèse lourdement sur la ville. Son port est bloqué par les escadres coalisées d'Angleterre et d'Espagne, dont on suit les mouvements du haut des collines qui bordent la rade. Les arrivages par voie de mer sont donc interrompus et comme, d'autre part, une armée tient la campagne non loin de la ville, affamant tout le pays, les vivres manquent. On est à la veille d'une famine complète. La marine continue, faute de fonds, à ne pouvoir payer la solde de ses employés et ouvriers. Le peu qu'elle donne, elle le verse en assignats qui sont dépréciés[1]. La misère est générale.

---

1. Une note de l'ordonnateur de la marine du 6 décembre

Soudain arrive la nouvelle de la révolution faite par la commune de Paris le 31 mai. La victoire de la Montagne, la proscription des Girondins frappent d'épouvante les modérés. Il leur semble que nul d'entre eux n'est désormais à l'abri de pareilles violences. Aussitôt ces citoyens, terrorisés jusque-là par les jacobins du club, se reprennent. Las de courber la tête devant des meneurs qui ne sont que des bandits, honteux de leur inertie passée, ils se promettent de résister enfin au flot démagogique qui menace de les submerger. C'est l'heure, du reste, où Marseille et soixante-dix départements courent aux armes contre le peuple de Paris et contre la Convention coupables d'avoir usurpé la souveraineté nationale. La puissance de ce mouvement fédéraliste émeut les « honnêtes gens » de Toulon et les incite à s'y associer. Ils sont prêts à engager la lutte décisive. Il ne leur manque que l'occasion de se mettre en mouvement.

1792 dit ceci : « Toulon est une ville de France où cette monnaie de la République a le moindre cours. Dans les petits marchés surtout, on n'y reçoit que des espèces ; en sorte que dans cette ville qui est presque toute composée de peuple relatif à la marine, les assignats qu'on leur donne à la paye deviennent presque nuls pour eux. » (*Archives de la marine.*)

L'avis qui leur parvient alors que Draguignan a déclaré la permanence des sections les encourage à user de ce moyen quasi légal de ralliement[1]. Les clubistes, qui prévoient cette manœuvre, tâchent de la déjouer en intimidant la foule. La municipalité et deux commissaires aux armées, Pierre Bayle et Beauvais, se joignent à eux. Le 12 juillet, les bras nus, le sabre au poing, ils parcourent la ville en proclamant, sur les places publiques, la peine de mort contre tout citoyen qui oserait proposer l'ouverture des sections. Mais cette insolente provocation ne fait qu'irriter et échauffer les esprits ; le soir même, chacun se rend au lieu de sa section ; on sonne le tocsin, et dans la nuit, au bruit de la générale qui retentit, le club de Saint-Jean est envahi. Les papiers sont saisis. Les emblèmes qui ornent la salle des séances sont détruits ou brûlés. Une section est installée dans l'église même qui

---

1. Les sections étaient les circonscriptions électorales. Elles avaient été établies par la loi du 27 juin 1790. Paris en comptait 48 et Toulon 8. Les citoyens *actifs* (qui payaient une contribution directe de trois journées de travail) avaient seuls le droit de vote. Les sections nommaient directement les juges de paix, commissaires de police ; elles élisaient aussi les électeurs du second degré qui, à leur tour, nommaient les députés.

servait de local au club. Les clubistes, stupéfaits de cette vigueur inaccoutumée de leurs adversaires, osent à peine faire entendre de timides protestations. Leur arrogance de la veille disparaît comme par enchantement. Ils sont pris de peur et se cachent. Alors le club se dissout de lui-même. Une nouvelle municipalité est nommée. La garde nationale reçoit un nouveau chef. Et aussitôt les voies de rigueur commencent envers les vaincus. La sagesse, la clémence ne sont pas pratiquées dans ces jours tragiques. Ceux qu'on proscrivait naguère, ceux qu'on emprisonnait veulent proscrire et emprisonner à leur tour. Le 14, la générale est battue. On procède à l'arrestation des plus violents des jacobins, c'est-à-dire de tous ceux qui ont été auteurs ou complices des vexations, des vols et des meurtres commis sous la domination du club. Les représentants Bayle et Beauvais sont incarcérés, tandis que Barras et Fréron, qui sont aux portes de Toulon, n'ont que le temps de fuir pour éviter le même sort.

Cependant, il faut à ces sections, éparses dans la ville, une direction commune qui soit une sorte de pouvoir exécutif : on nomme donc un comité général des sections. A peine est-il installé qu'il se déclare en permanence et qu'il envoie aux communes du département la notification suivante (26 juillet) :

« Citoyens frères et amis,

« Le bruit public vous a sans doute instruits que le peuple de Toulon s'est enfin levé, qu'il a détruit l'anarchie et qu'il est fermement résolu à ne plus souffrir les monstres qui fomentaient le désordre et le trouble dans notre ville et dans tout le département. Cette opinion a été fortement prononcée ; déjà on poursuit avec chaleur tous les chefs coupables d'une action criminelle. »

Et, en effet, tous les « coupables » sont recherchés, tous les « criminels » sont poursuivis, car aussitôt les proscriptions redoublent. Les prisons ordinaires sont insuffisantes ; on y supplée en transformant en lieu de détention d'abord la gabare *l'Utile,* ensuite le vaisseau *le Thémistocle,* où se trouvent entassés deux cents prisonniers. Le comité fait paraître des proclamations qui établissent à son profit le régime des suspects et qui annoncent la création « d'un conseil martial qui jugera dans les vingt-quatre heures tous ceux qui seront reconnus avoir tramé quelque complot contre l'autorité souveraine des citoyens réunis en sections »... Si cette phraséologie, grosse pourtant de menaces, n'effraie point encore les anciens clubistes, ils n'ont qu'à lire, pour être édifiés sur les intentions de leurs adversaires, la réquisition faite le 26 juillet. La voici dans sa terrifiante sécheresse : « Qu'il soit donné des ordres à un nombre suffisant de menuisiers, charpentiers et charrons de se rendre de suite à l'hôtel de la marine, pour faire à la guillotine, qui y est déposée, les réparations dont elle est susceptible, et aux taillandiers d'en repasser le tranchant. »

La réaction est complète. La malheureuse cité n'a échappé à une tyrannie que pour retomber sous une autre, presque aussi violente que la première. Il est vrai que la seconde n'agit que par représailles : c'est la vengeance seule qui dicte aux sectionnaires leurs terribles résolutions.

Le 27, on décapite Silvestre, « un des principaux moteurs et provocateurs des assassinats et pendaisons à des lanternes ou réverbères », puis successivement on fait monter sur l'échafaud tous les complices de ce Silvestre, tous ceux qui ont participé aux massacres de 1792 et, avec eux, ce Barthélemy, la terreur des Toulonnais, l'auteur de « l'assassinat juridique » de l'infortuné commandant de Basterot. Ces exécutions ne se passent pas toutes sans encombres. Les derniers partisans du club Saint-Jean essayent parfois d'arracher les condamnés au bourreau. Ils ne se déclarent pas encore vaincus. Le jour où doit être mis à mort Barry, cet ouvrier qui s'était lavé les mains dans le sang de M. de Rochemore, ils font une émeute. Ils enlèvent le suppliciable, qui ne tarde pas à tomber sous le coup de pistolet d'un garde national. Alors son cadavre est repris, et c'est une tête inanimée que tranche le couteau de la guillotine.

Au milieu de ces scènes sanglantes, les sections décrètent une cérémonie d'un tout autre caractère : elles veulent venger le culte catholique des injures qu'on lui a prodiguées. Elles décident donc qu'on procédera au couronnement solennel de la sainte Vierge, dont la couronne, signe odieux de la monarchie, a été effacée sur les tableaux de piété. Au jour fixé (28 juillet), une procession parcourt les rues de la ville. Toutes les autorités civiles ou militaires la suivent. Les chefs des huit sections tiennent les coins du dais. Quatre citoyens « persécutés par le club », vêtus en pénitents blancs et marchant nu-pieds, portent une image de la Vierge, devant laquelle la foule se prosterne. Quand le cortège entre à l'église cathédrale, le canon tonne sur les remparts et sur les vaisseaux en rade. La messe finie, une messe dite devant les restes des victimes de l'année précédente, retirées de leur sépulture, on chante un *Te Deum* et on célèbre dans des discours « cette journée heureuse, faite pour fortifier les citoyens dans le retour de l'ordre et de la justice ». Mais personne, hélas! ne prononce les mots de concorde ou de pardon. Et le lendemain, les sectionnaires avides de vengeances reprennent le cours de leurs persécutions.

Que font les chefs de la marine en présence de ce soulèvement qui est devenu une contre-révolution? Quelle attitude ont prise ces hommes, naguère si humbles devant le club, et qui se nomment Chaussegros, commandant des armes; Puissant, ordonnateur civil; Trogoff, commandant l'escadre? Tous les trois sont adjoints depuis la première heure au comité général. Et tous les trois passent dans la ville pour être des plus ardents à soutenir la réaction. Comment en serait-il autrement? Descendant de familles nobles, ayant servi longtemps l'ancien régime, ces trois officiers n'ont pu voir sans écœurement la détestable anarchie qui désolait la ville du temps où le club était tout-puissant. Leur naissance[1], leur éducation, leur rang, tout devait leur faire réprouver une tyrannie sanglante qu'ils ne ménageaient que par crainte pour leur propre vie. Ils ont été trop humiliés naguère par les énergumènes de ce club, pour ne pas avoir éprouvé la plus vive satisfaction en apprenant leur défaite. Ils ne se sont donc fait aucune violence pour encourager de leurs vœux et de leur appui le mouvement des sections. Il y a à Toulon un quatrième chef de la marine, le contre-amiral Saint-Julien, qui commande en sous-ordre l'armée navale. On ne sait guère s'il est du côté du club ou du côté des sections. Il a donné, il est

---

[1]. C'est par erreur que M. Thiers a écrit dans son *Histoire de la Révolution* que Trogoff était un « étranger comblé de faveurs par la France ». Trogoff était né à Lanmeur (Finistère) le 5 mai 1751. Il entra dans la flotte comme garde-marine en 1767. Il appartenait à une vieille famille noble de la Bretagne.

vrai, des preuves de son civisme, mais il est surtout l'ennemi juré des Toulonnais, qui l'ont fort maltraité lors de la sédition du 1er décembre 1789, et il leur a gardé rancune. Aussi, dans le comité, le tient-on pour suspect et se méfie-t-on de lui. Les marins qu'il commande méritent, en général, l'épithète de patriotes; mais ils ont trop de liens de parenté, d'amitié ou de camaraderie avec les habitants pour ne pas subir tôt ou tard l'influence des Toulonnais favorables aux sections, et leur hostilité ne paraît pas redoutable au comité général.

Quant à la garnison de la place, elle est composée du 9e bataillon du Var et d'un bataillon des grenadiers des Bouches-du-Rhône, dont les chefs se sont montrés favorables aux sections. Le commandant de place avait seul des dispositions suspectes : on l'a remplacé par un homme sûr, le comte de Maudet.

Ainsi donc, à part Saint-Julien qu'on tient à l'écart, et qui est en rade, les autorités militaires marchent d'accord avec la ville. L'ensemble est parfait. Aucune divergence ne se produit entre les chefs des troupes de terre ou de mer et les délégués élus de la commune. Mais du moins, que veut cette commune ? Que fera-t-elle quand elle aura rétabli l'ordre dans ses murs ? Quel idéal politique poursuit-elle ? Un idéal fort simple, expliqué tout au long dans une adresse rédigée au nom des sections de Toulon à tous les citoyens de la République française : « Nous aimons, disent-ils, notre patrie que nous voulons relever de l'oppression. Nous sommes amis des lois et nous les voyons toujours violées avec impunité. Nous voulons une république une et indivisible, et l'on n'a jamais voulu l'organiser. Nous voulons une Constitution, fruit de la sagesse et de la réflexion, et l'on ne nous propose qu'un fantôme de gouvernement qui doit propager les factions et l'anarchie... Nous voulons une nouvelle Convention qui répare tous les maux affreux qui nous accablent et que les restes impurs de ces débris de législateurs encore existants soient livrés au glaive de la vengeance nationale, qui depuis longtemps est suspendu sur leurs têtes. D'après ces sentiments, pouvons-nous reconnaître une Constitution fabriquée en trois jours, discutée avec précipitation, décrétée forcément, qui consacre le gouvernement anarchique, la tyrannie des sociétés populaires, le despotisme aristocratique d'un Corps législatif investi seul de tous les pouvoirs, etc. ? »

Ainsi voilà qui est clair : les Toulonnais vouent à la mort la Convention, cause de tous les maux du pays ; ils veulent la République une et indivisible ; ils répudient la Constitution de 1793, et, pour que nul n'en ignore, ils se sont empressés de faire brûler solennellement sur la place d'Armes, par la main du bourreau, un exemplaire de cette Constitution.

Ces sentiments de sympathie, ces vœux pour une république tolérante et sage, peut-être idéale, l'ordonnateur Puissant les affirmait encore, à la date du 16 août, dans une lettre au ministre de la marine, où il disait : « Je vous prie d'être bien persuadé, citoyen ministre, que tous les chefs civils et militaires, tous les habitants de Toulon que la calomnie poursuit, ne veulent que l'unité et l'indivisibilité de la République, et qu'ils sont tous déterminés à s'ensevelir plutôt sous les ruines de la cité, que de l'asservir sous le joug des esclaves des tyrans qui se montrent dans ces parages. » Au surplus, deux royalistes avérés, qui ont pris part à ces événements et qui en ont écrit une relation, s'accordent à dire que la révolte des sections « n'avait eu pour but que de résister à la Convention[1] »; elle était née de l'indignation des « honnêtes gens contre les jacobins[2] », sans avoir pour mobile précis le renversement de la République ou le rétablissement de la monarchie. Sans doute, quelques royalistes — il y en avait dans la ville et sur la flotte — caressaient déjà le rêve d'une restauration de leur souverain légitime; mais ils s'en cachaient. Ils étaient les premiers à savoir qu'ils n'avaient pu terrasser les clubistes qu'en s'unissant aux républicains. Ils n'ignoraient pas que ces derniers « avaient une grande influence. On pouvait bien espérer les ramener avec le temps. Pour l'instant la prudence conseillait la lenteur[3]. » Ce n'est qu'au lendemain de l'exécution de Barry, quand les sections eurent triomphé d'une petite émeute, c'est-à-dire le 7 août, que les royalistes crurent le moment venu d'agir sur les esprits et de préparer l'opinion publique à la possibilité d'un retour de la monarchie.

---

1. *Précis historique sur les événements de Toulon*, par le baron d'Imbert, capitaine de vaisseau.
2. *Révolution de Toulon en 1793*, par Gauthier de Brécy.
3. Z. Pons, *Mémoires pour servir à l'histoire de Toulon en 1793*.

Cette éventualité s'associait d'ailleurs, dans l'esprit de certains d'entre eux, au projet d'ouvrir la rade à la puissante escadre anglaise qui bloquait nos côtes sous le commandement de lord Hood, avec 19 vaisseaux et 9 frégates. Quelques Toulonnais parlaient, en effet, à mots couverts, mais avec persistance, de faire appel à l'étranger. La rumeur en courait, du moins, à travers la ville depuis l'arrivée, le 19 juillet, d'un officier de marine anglais, envoyé en parlementaire sous prétexte de proposer un échange de prisonniers. Comme on savait que le chef des forces navales ennemies anglo-espagnoles entretenait des intelligences avec la côte de Provence, on le supposait prévenu du mouvement des sections, et peu de gens avaient été dupes de sa manœuvre. On avait compris que cet envoyé était venu sonder les dispositions des chefs de l'insurrection anticonventionnelle à l'égard d'une intervention étrangère. Mais la masse du public était rebelle alors à une solution si coupable. Personne n'osa répondre, en juillet, aux ouvertures de lord Hood. Cet amiral, qui croisait devant Toulon comme un vautour plane au-dessus de la proie qu'il guette, était trop pressé. L'heure n'avait pas encore sonné où des Français, apeurés au point de devenir criminels, devaient accueillir ses offres de service. C'est à cette intervention de l'étranger que l'ordonnateur Puissant faisait allusion dans sa lettre du 16 août, adressée au ministre de la marine, quand il lui promettait que jamais on ne verrait Toulon courbé « sous le joug des esclaves des tyrans qui se montraient dans ces parages ».

La Convention avait pris le parti de réduire par la force les fédéralistes qui soulevaient le Midi, et qui dirigeaient contre ses partisans des bataillons de volontaires pleins de jactance, témoin cette phalange marseillaise qui déjà marchait sur Lyon et jurait de ne s'arrêter qu'à Paris. Les représentants du peuple à l'armée des Alpes détachèrent donc de Grenoble un petit corps, sous les ordres du général Carteaux, avec ordre de descendre la rive gauche du Rhône et de refouler les bataillons provençaux. Carteaux rencontra l'avant-garde des Marseillais à Orange et la mit en fuite ; il se porta ensuite sur Pont-Saint-Esprit, où il dispersa l'avant-garde des Nîmois, puis, ayant fait une pointe sur Avignon, il en chassa, le 27 juillet, l'armée marseillaise, qui repassa en toute hâte la Durance. Cette armée se reforma à Aix, où les Toulonnais lui envoyèrent un bataillon de sept à huit cents hommes, insuffisant renfort qui n'empêcha pas Carteaux de défaire complètement, le 19 août, à Salon et à Lambesc, les restes de la phalange, et d'avoir ainsi libre devant lui la route de Marseille... Terrifiée par l'approche de soldats qu'on regardait comme des bandits capables des pires atrocités, affolée à l'idée des vengeances qu'elle craignait et qu'elle savait mériter, Marseille n'hésita pas à aller implorer le secours des escadres anglaise et espagnole. Deux commissaires partirent à la recherche de ces escadres. Ils eussent préféré, dit-on, rencontrer les vingt-quatre vaisseaux espagnols de l'amiral Langara, qui tenaient la mer avec la flotte de lord Hood ; mais le hasard les servit mal, ils tombèrent, le 22 août, sur les navires anglais et montèrent à bord du vaisseau de lord Hood, le *Victory,* où ils entamèrent leurs négociations. Ils supplièrent l'amiral d'entrer dans leur rade, de venir protéger leur port. Mais lord Hood fit le dédaigneux : Marseille ne lui convenait pas. Cette ville de commerce manquait d'une rade sûre et n'avait pas assez d'ouvrages fortifiés pour soutenir longtemps le choc des troupes conventionnelles qui marchaient contre elle. Ce qu'il fallait à lord Hood, ce qui, d'ailleurs, disait-il, pouvait rendre son appui efficace, c'était la possession de Toulon, place de guerre pourvue d'une rade superbe et de défenses nombreuses.

En écoutant cette audacieuse proposition de livrer à l'ennemi, en pleine guerre, notre grand port militaire, les délégués marseillais ne manifestèrent aucune surprise. Leurs concitoyens avaient eu déjà cette pensée, et ils avaient même écrit aux sections de Toulon pour leur demander de concourir sans retard au salut commun, en ouvrant leur port à l'escadre anglaise. Les délégués marseillais n'eurent qu'un étonnement, c'est que l'amiral Hood n'eût pas encore reçu l'offre des Toulonnais de lui céder leur ville et leur arsenal! Ils rédigèrent donc aussitôt, sur le navire même de l'amiral, sous sa dictée pourrait-on croire, une lettre aux sections de Toulon pour les inviter à hâter le moment où « l'on briserait les chaînes de l'affreuse anarchie ». A cette lettre, ils joignirent une proclamation de lord Hood aux habitants des villes et des provinces du Midi de la France, ainsi qu'une déclaration spéciale aux habitants de Toulon.

Le premier de ces documents débutait par un tableau des malheurs que la France subissait depuis la Révolution : l'anarchie, la terreur, la disette, la famine; puis il laissait entendre que cette effrayante situation avait affligé les puissances coalisées, qui n'y voyaient « d'autre remède que le rétablissement de la monarchie française ». Après ce préambule, lord Hood s'exprimait ainsi : « Je viens vous offrir les forces que m'a confiées mon souverain, à l'effet d'épargner une plus grande effusion de sang humain, d'écraser promptement les factions, de rétablir en France un gouvernement régulier, et, par cela même, de maintenir la paix et la tranquillité en Europe... Soyez explicites, et je vole à votre secours pour briser la chaîne qui vous écrase et pour être l'instrument de longues années de bonheur succédant aux quatre années de misère et d'anarchie dans lesquelles votre malheureux pays a été enveloppé. » Quant à la déclaration spéciale aux habitants de Toulon, elle stipulait les conditions moyennant lesquelles les secours leur seraient accordés : 1º l'étendard de la royauté serait arboré ; 2° les vaisseaux de la rade seraient désarmés ; 3° le port et les forts seraient mis à la disposition de l'étranger ; 4° aussitôt la paix faite, le port ainsi que les vaisseaux seraient rendus à la France. Ces deux documents étaient signés lord Hood, avec la mention : *Donné à bord du vaisseau de Sa Majesté Britannique le « Victory », ce 23 août 1793.*

Telles sont les propositions que les délégués marseillais expédièrent aux Toulonnais avec leur propre missive, par l'intermédiaire d'un officier anglais. Ce parlementaire, le lieutenant Ed. Cook, arriva à Toulon dans la nuit du 23 au 24. Le comité général s'assembla aussitôt pour prendre connaissance des pièces dont il était porteur. Les chefs civils et militaires furent convoqués, ainsi que les présidents et deux membres de chaque section ; puis tous les citoyens furent appelés à leur tour, et on leur lut les messages qu'on venait de recevoir. Cette lecture souleva des tempêtes. L'horreur de l'Angleterre était poussée à un point extrême dans la classe maritime ; pour les marins, l'Anglais était l'ennemi héréditaire, celui qui, de tout temps, avait usurpé l'empire des mers. La pensée de livrer à la *per-*

fide Albion l'arsenal et les vaisseaux arrachait des cris d'indignation à beaucoup de citoyens. D'autres, au contraire, les timides et les pusillanimes, ne songeant qu'aux malheurs dont on avait déjà supporté le poids et à ceux qu'il faudrait subir encore, ne demandaient qu'à céder. Ils répétaient que les troupes conventionnelles étaient proches, qu'elles allaient entrer dans la ville, car la malheureuse cité, dénuée de tout, ne pouvait soutenir un siège. Ce qu'il adviendrait alors était facile à deviner. Tous les habitants seraient passés au fil de l'épée. Les brigands de Carteaux se changeraient en autant de bourreaux assoiffés de carnage et de sang... Dans une telle occurrence, disaient-ils encore, la présence de l'étranger était le salut. L'étranger seul pouvait permettre de tenir tête à cette armée menaçante et d'éviter les cruelles représailles qui étaient imminentes; lui seul pouvait empêcher les Toulonnais d'expier, par de terribles châtiments, leur révolte contre la Convention. Qu'importaient les conditions imposées par l'amiral anglais ? Ces conditions étaient légitimes de sa part, car il avait besoin de garanties... A ce langage, dicté par la peur, les royalistes applaudissaient de tout cœur : ils sentaient que l'affolement général allait amener la réalisation de leurs plus chères espérances. Eux, du moins, ne faisaient point tant de phrases. L'étranger leur promettait de les aider à faire proclamer leur légitime roi Louis XVII : cela leur suffisait. Dans leur foi royaliste, ils regardaient la monarchie comme le premier des biens, comme le palladium de l'honneur, et ils en concluaient qu'il fallait accepter le concours de l'escadre ennemie.

On l'accepta !... Aux cris de : « Vive le Roi ! vive Louis XVII ! » on décida qu'il n'y avait plus à délibérer, et, au milieu de la nuit, qui couvrait de son ombre cette lamentable capitulation, les Toulonnais apprirent que le comité des sections avait adopté en son entier le triste marché proposé par lord Hood.

Il y eut, le matin du 24, une velléité de révolte. Quand les ouvriers du port, se rendant à leur travail, virent les sectionnaires avec la cocarde blanche au chapeau, ils s'ameutèrent. Des coups de fusil furent tirés. Devant la menace d'un soulèvement plus grave, le comité général s'assembla. Il fit défendre de porter aucune espèce de cocarde, et, comme la question de la cocarde se liait à celle du drapeau, il crut devoir ménager les susceptibilités de ses adversaires en renonçant à arborer le drapeau blanc comme il l'avait promis à lord Hood. Cette modification au traité fut la cause d'un envoi d'émissaires auprès de l'amiral anglais.

Une chose pourtant préoccupait le comité : la manière dont l'escadre se comporterait. Son chef, Trogoff, assistait aux séances et il avait participé à l'acceptation des offres de lord Hood; mais que ferait Saint-Julien, qui était en rade sur son navire *le Commerce-de-Bordeaux?* Que feraient les autres bâtiments de l'escadre, montés par des équipages presque tous républicains? Si cette escadre qui ne comptait pas moins de dix-huit vaisseaux, six frégates, quatre corvettes et deux bricks[1], refusait de souscrire à la capi-

---

1. Voici la liste des navires :
Un vaisseau de 118 canons, le *Commerce-de-Marseille;* deux de 80, le *Commerce-de-Bordeaux* et le *Tonnant;* quinze de 74, le *Centaure,* le *Duguay-Trouin,* le *Généreux,* le *Suffisant,* le *Destin,* le *Héros,* le *Scipion,* le *Thémistocle,* l'*Heureux,* le *Pompée,* le *Tricolore,* le *Patriote,* l'*Entreprenant,* l'*Orion,* l'*Apollon;*
Les frégates *Aréthuse, Alceste, Topaze;*
Les corvettes *Caroline, Auguste, Sincère.*
Tous ces navires composaient l'escadre de Trogoff.
Il y avait, en outre, en petite rade, les frégates *Aurore, Sé-*

tulation, si, obéissant à Saint-Julien, dont les sentiments étaient suspects, elle s'avisait de s'opposer à l'entrée des Anglais, c'en était fait des arrangements conclus dans la nuit ! On commença donc par interdire toute relation de l'escadre avec la ville. Les canots envoyés aux provisions, dans la matinée du 24, trouvèrent l'entrée du port barrée par sa chaîne et ne purent prendre terre. En même temps, le trois-ponts *le Commerce-de-Marseille,* qui portait le pavillon de l'amiral Trogoff, signala : défense de communiquer avec la terre. Néanmoins, le bruit transpira bientôt sur l'escadre que le comité s'était vendu. Quelques capitaines, inféodés au comité des sections, vinrent d'ailleurs confirmer le fait, en essayant d'entraîner leurs subordonnés et en montrant tous les bienfaits qui résulteraient de la signature de cette *paix avec l'Angleterre,* euphémisme dont ils se servaient pour déguiser la livraison de la ville. Les équipages furent indignés et parlèrent aussitôt de mourir plutôt que

---

rieuse, Perle, la corvette *la Poulette,* la flûte *le Mulet* et le brick *le Tarleton;* puis on comptait dans l'intérieur du port onze vaisseaux de ligne désarmés ou en armement, un vaisseau en construction ainsi que deux frégates, et neuf autres bâtiments.

de se rendre. Leur résolution semblait inébranlable. A 5 heures du soir, une députation du vaisseau de Saint-Julien fit le tour de l'escadre pour déposer sur chaque navire une adresse de protestation contre l'infamie que la ville venait de décréter. Partout, la députation fut reçue avec enthousiasme et aux cris de : *Vive la République!* Sur chaque navire, un officier monté sur le banc de quart lisait cette adresse, au milieu d'applaudissements frénétiques et de protestations véhémentes contre les traîtres du comité. A 6 heures, Saint-Julien ordonna à l'escadre de se mettre en branle-bas de combat, prête à toute éventualité, puis il envoya des canots en grand'garde à l'entrée de la rade, afin d'intercepter tous les parlementaires de l'un et de l'autre parti. C'est ainsi qu'il arrêta le brick *le Tarleton,* qui allait conduire à bord du *Victory* les émissaires du comité général. Saint-Julien fit mouiller le brick près de son vaisseau et se saisit des dépêches dont il était porteur. Mais le comité s'empressa d'en écrire de nouvelles. Dans la nuit, d'autres délégués s'en chargèrent. Ils se rendirent avec le lieutenant Cook au petit port de Saint-Nazaire, en dehors de la rade, d'où ils atteignirent sur un bateau de pêche le vaisseau de l'amiral Hood.

Cependant, les dispositions prises par l'escadre ne laissaient pas de causer une très vive inquiétude aux habitants de Toulon : les vaisseaux pouvaient faire feu sur la ville et la réduire en cendres. Pour calmer la terreur des habitants, la direction du port donna l'ordre au vaisseau *le Puissant,* alors en armement, d'aller s'amarrer en travers, devant l'ouverture de la vieille darse, pour recevoir les boulets rasants qui auraient pu arriver sur le quai de la ville par cette ouverture ; on arma en même temps les pièces des remparts et des batteries dominant la rade.

Le 25 au matin, Saint-Julien rassembla un conseil de guerre pour aviser aux mesures à prendre. L'une des premières fut de s'emparer des forts de l'Éguillette et de Balaguier, ainsi que de toutes les batteries situées sur les collines du cap Sépet. Les gardes nationaux qui occupaient ces ouvrages de défense les cédèrent aux marins sans faire d'opposition. Et l'escadre, isolée de la ville, occupant une ligne forte et imposante à l'entrée de la rade, attendit les événements.

Dans cette même journée du 25, Saint-Julien eut l'idée de demander à ses différents navires quels étaient leurs vœux. Quelques-unes des réponses qu'il reçut sont relatées dans un document des Archives de la marine et leur lecture indique que, déjà, après vingt-quatre heures seulement de réflexion, l'unanimité des sentiments n'existait plus sur les vaisseaux. Les uns, comme le *Thémistocle*, le *Généreux*, l'*Apollon*, annonçaient qu'ils étaient prêts à se défendre « vigoureusement et à faire feu de tous les côtés », c'est-à-dire contre les Anglais et les Toulonnais. D'autres, comme le *Patriote*, l'*Aréthuse*, demandaient « la République une et indivise, la paix avec les Toulonnais, s'ils reconnaissent leur erreur, et la guerre implacable aux Anglais et aux Espagnols ». D'autres enfin, comme l'*Orion*, l'*Entreprenant*, le *Scipion*, réclamaient un roi. Ces derniers entraient donc dans les vues politiques du comité des sections, ce qui permettait de supposer qu'ils n'étaient pas éloignés de faire cause commune avec les meneurs de la ville. Et, en effet, ils ne mentionnaient que timidement leur vœu de résistance aux Anglais, ils ne se déclaraient prêts à la lutte que « si la majorité le désirait ». Leur défection était déjà à craindre.

Pendant cette journée, l'escadre anglaise croisa devant le port, à si faible distance, que les batteries du cap Sépet la canonnèrent à différentes reprises. Elle semblait vouloir contempler sa proie avant de s'en emparer, tandis que son chef s'occupait à régler les dernières conditions de son entrée à Toulon avec les émissaires qui étaient allés le rejoindre. Il discutait notamment — et il finissait par approuver — les deux nouvelles concessions que le comité exigeait dans l'espoir d'agir sur la détermination des marins : d'une part, la reconnaissance du pavillon tricolore, d'autre part, le paiement par l'Angleterre de ce qui était dû aux équipages français.

Le 26, à midi, la municipalité « en écharpe » vint rendre visite à Saint-Julien, pour insister auprès de lui sur le caractère de dépôt provisoire que devait prendre la livraison de la ville aux Anglais, et pour l'informer que l'amiral Hood consentait à reconnaître le drapeau républicain et à régler en numéraire les arriérés de solde des matelots. Saint-Julien éconduisit ces personnages et les menaça même de les pendre à la grande vergue de son vaisseau, non sans leur donner sa parole qu'il résisterait jusqu'à son dernier souffle à l'entrée des Anglais. Le soir même, ne se fiant pas au rapport verbal que la municipalité pouvait faire de sa visite à bord, il prit la plume pour adresser au comité des sections une lettre pleine d'énergie. L'enseigne Romeiron, qui, avec deux officiers, porta cette lettre à son adresse le 27 au matin, a raconté ainsi la manière dont il remplit sa mission : « Arrivé dans la salle du comité, j'aperçus le premier le général Trogoff et différents autres officiers, tant de marine que d'artillerie, génie et autres, et plusieurs bourgeois de la ville, qui composaient le comité infernal. Je leur présentai la lettre du général Saint-Julien, et après qu'ils en eurent pris lecture, l'assemblée jugea à propos de la faire porter au comité de sûreté générale et on nous pria de nous retirer. Un instant après, on nous fit rentrer, et on nous dit que le comité général avait décidé de ne plus correspondre avec le général Saint-Julien, et, qu'à cet effet, on avait fait une lettre en différentes copies qu'on allait faire porter à bord de tous les vaisseaux, pour instruire toute l'armée de ce qui se passait à Toulon et des raisons qui les avaient obligés à accepter les généreuses propositions de l'amiral Hood, parce qu'il y avait toute apparence que le général Saint-Julien nous laissait tout ignorer. Nous leur répondîmes qu'il nous avait parfaitement instruits de tout, mais que l'armée ne souscrirait jamais à de pareilles propositions et qu'elle ne permettrait pas que les Anglais entrassent dans la rade de Toulon sans être premièrement instruite si c'était toute la République qui avait fait la paix avec cette nation, parce que ce n'était pas à Toulon, qui n'est qu'un point de la France, à conclure la paix avec nos ennemis ; qu'au surplus l'armée navale n'appartenait pas à Toulon seule, mais à toute la République. Les plus fortes raisons qu'ils eurent à nous opposer furent qu'ils n'avaient plus que cinq jours de vivres, et que nous n'étions pas en force pour leur en procurer[1]. »

Romeiron revint prévenir Saint-Julien, qui, aussitôt fit envoyer à terre une députation de toute l'armée navale, pour essayer de peser une dernière fois sur les intentions criminelles du

---

[1]. « Précis du journal du citoyen Romeiron, enseigne non entretenu à bord de l'*Apollon*, au moment que les Toulonnais ont livré leur pays aux ennemis. » (*Archives de la marine*.)

comité des sections. Cette députation quitta la rade à trois heures de l'après-midi. Elle eut une entrevue sur le quai même, avec une douzaine de délégués du comité. L'un d'eux, sommé pour la dernière fois de déclarer si les sections persistaient à recevoir les ennemis de la République, répondit en ces termes : « Messieurs, depuis longtemps nous sommes menacés de la famine; depuis trois mois Carteaux nous intercepte tout : nous avons besoin des secours du dehors puisqu'on nous en refuse au dedans. » Il ajouta que si l'escadre ne se rendait pas aux vœux de la ville, on tirerait sur elle à boulets rouges pour la réduire en cendres et finir ainsi toute discussion. La députation de la flotte répondit avec une mâle énergie, que les marins périraient plutôt que de voir, à leur plus grande honte, l'ennemi entrer dans le port. Puis elle se retira. Et quand elle eut regagné la rade, elle put voir les batteries de la ville avec les canonniers à leurs pièces, prêts à allumer les fourneaux destinés à rougir les boulets.

Cependant l'attitude de ces marins avait imposé au comité des sections. Leur résolution même avait fait craindre aux Toulonnais de voir l'escadre foudroyer la ville de ses obus. La canonnade parut même si imminente, que le comité fit afficher séance tenante, sur les murs, la proclamation suivante :

« De la part de la municipalité et du comité général, il est ordonné aux femmes et aux enfants de se retirer de suite dans leurs maisons. Il est défendu à qui que ce soit de former dans les rues des attroupements. A Toulon, le 27 août 1793. »

Hélas! la députation de l'escadre s'était trop avancée en prenant, au nom de tous les équipages, l'héroïque résolution de périr plutôt que de se livrer à l'ennemi. Déjà quelques timides avaient jeté l'alarme sur certains vaisseaux. On y parlait de capituler. Le bruit s'était répandu depuis la veille qu'avec les Anglais dans la place, la solde serait payée en écus sonnants et non plus en assignats, et cette nouvelle inattendue avait fait chanceler quelques courages. Beaucoup de matelots provençaux avaient reçu de leurs familles des appels à la conciliation, et ils essayaient de les faire approuver par leurs camarades. D'autres marins émettaient l'avis qu'on devait quitter les navires et se retirer sans combattre au fond de la baie du Lazaret ou à La Seyne. Bref, la peur affolait les équipages, et leur débandade était imminente. Quant aux capitaines, qui pourtant auraient dû les contenir par sentiment du devoir ou par souci de la discipline, ils avaient, pour la plupart, résolu déjà de capituler, et ils ne cherchaient pas plus à ranimer les cœurs qu'à rétablir l'ordre sur leurs vaisseaux.

La peur avait aussi troublé la conscience de ces chefs. Ils vinrent donner le lamentable spectacle de leur faiblesse morale dans un dernier conseil de guerre tenu le 28, à une heure du matin, sur le vaisseau amiral. Quelques capitaines, et parmi eux les Ponantais (ainsi qu'on avait coutume alors de désigner les officiers des ports de l'Océan), proposèrent de faire une vigoureuse résistance. Mais cette attitude fut blâmée ouvertement par les capitaines toulonnais. L'un d'eux prit la parole : « Messieurs les Ponantais, dit-il, vous en parlez fort à votre aise ; vous n'avez rien à perdre ici ; nous, au contraire, nous avons dans cette ville nos femmes, nos enfants et nos possessions, que nous ne voulons pas livrer aux fureurs et aux vengeances de Carteaux. Je vous préviens, au nom de mon équipage et en général de tous les Provençaux qui sont dans le même cas que moi, que nous sommes décidés à favoriser l'entrée des Anglais, nos amis et nos protecteurs, et que nous ferons feu sur ceux qui voudront s'y opposer[1]. » A ce langage de l'égoïsme et de la lâcheté, les Ponantais ripostèrent par des apostrophes indignées. Saint-Julien, lui, n'eut pas la force de répondre. Il vit que les partisans de la reddition étaient en majorité et, découragé, désespéré, il garda un morne silence.

Quand il leva la séance de ce tragique conseil assemblé au milieu de la nuit, il apprit que certains équipages désertaient leurs navires en masse pour gagner le rivage.

A ce même moment, les Anglais foulaient déjà le sol de la France. L'amiral Hood, instruit par des messagers et averti par des signaux du moment d'agir, venait de faire mettre à terre 1,500 hommes dans le voisinage de la rade ; au lever du jour on put voir, du haut de la dunette des vaisseaux, les tuniques rouges des soldats an-

---

1. *Conduite du citoyen Bouvet, capitaine de vaisseau, depuis le commencement de la Révolution.* Brochure de 1794, citée par M. Fabre dans *Les Bouvet* (1er volume).

glais qui garnissaient les bastions des forts de Lamalgue et de la Grosse-Tour.

A sept heures, l'escadre ennemie parut. « Saint-Julien, dit Romeiron, fit de suite le signal de branle-bas de combat. Mais quel spectacle plus horrible pouvait-on voir ! Les uns faisaient signal d'attention au général Saint-Julien, les autres le signal de ralliement à la ville, et ces derniers appareillaient déjà pour s'enfoncer plus avant dans la rade, dont malheureusement nous étions du nombre. Dans ce même temps, la frégate *la Perle* mit à la voile et alla mouiller sous les remparts de l'arsenal. Un instant après, le général Trogoff se rendit à bord et y arbora un pavillon de commandement au mât de misaine en l'appuyant d'un coup de canon ; » puis il hissa le signal à toute l'escadre de se rallier auprès de lui[1].

C'était le moment suprême où allaient se résoudre toutes les craintes, toutes les espérances.

---

[1]. Dans une notice sur Toulon, M. Léon Guérin pour disculper Trogoff insinue que le signal de ralliement en petite rade n'émana point de cet officier général, mais du capitaine de la *Perle*, nommé Van Kempen. Cette observation n'est pas fondée. Le capitaine de la *Perle* n'a pu agir que par ordre de l'amiral qui était venu à son bord.

Il y eut un instant d'hésitation ; mais il dura peu, et bientôt on vit la majeure partie des vaisseaux se rapprocher de la *Perle,* pour obéir au signal de Trogoff. Tous cependant ne vinrent pas. Mais telle fut la confusion qui régna dans l'escadre à cette heure lamentable, que les témoins ne sont pas d'accord sur le nombre des vaisseaux qui demeurèrent groupés auprès de Saint-Julien dans la baie du Lazaret.

Le capitaine du *Patriote,* Pierre Bouvet, qui, en sa qualité de Ponantais, n'est pas tendre pour les Toulonnais, a écrit dans sa relation : « les cinq vaisseaux ponantais qui restaient en ligne dans la baie du Lazaret... »

M. Brun, historien de Toulon, prétend que sur les dix-huit vaisseaux présents « il n'en resta que deux en grande rade avec Saint-Julien, toujours décidé à s'opposer aux Anglais. » Une autre version parle, au contraire, de quatre navires, savoir : le *Commerce-de-Bordeaux,* le *Commerce-de-Marseille,* le *Duguay-Trouin* et le *Tonnant.* Aussi bien ce détail importe peu, car aucun de ces bâtiments ne fit l'ombre d'une résistance. Tout se borna de leur part à une simple parade de combat, non suivie d'effet. En se voyant réduits à un si petit nombre, les capitaines ne se trouvèrent plus en force pour résister.

Le découragement s'empara d'eux. Ils quittèrent leur bord comme des fuyards, avec leurs officiers et leurs marins, et gagnèrent la petite ville de La Seyne[1].

Le capitaine Bouvet lui-même, qui, s'il faut en croire son mémoire justificatif, conserva jusqu'au bout son équipage entier et en état de combattre, se vit forcé d'abandonner la partie : « Ainsi, dit-il, l'impossibilité absolue de toute résistance ; le désir de conserver à la République des équipages qui pouvaient la servir utilement dans des circonstances moins malheureuses ; le

---

[1]. En quittant son navire, Saint-Julien se dirigea vers l'armée républicaine : mais il pensa qu'il pouvait être livré aux tribunaux révolutionnaires pour n'avoir pas résisté aux Anglais et il revint sur ses pas. Voici la lettre que la municipalité de Toulon écrivait aux municipalités de La Seyne et d'Ollioules le 28 août : « Un motif de salut public exige que vous preniez des mesures pour arrêter le citoyen Saint-Julien, contre-amiral de l'escadre, s'il venait à pénétrer par vos routes et sentiers et, par là, à s'évader... » Après avoir erré pendant quelques jours dans les bois et les villages voisins de Toulon, il finit par se constituer prisonnier de l'amiral espagnol Langara qui le fit conduire à Barcelone, où il mourut en prison.

Trogoff quitta Toulon lors de la reprise de la ville. Il mourut en 1794 à Porto-Ferrajo.

vœu fortement accentué de ces braves marins qui voyaient l'inutilité de leur courage ; l'imminence du danger ; la nullité de nos moyens ; la certitude d'être coulés, écrasés ou brûlés au premier coup de canon : tout, en un mot, nous détermina à nous rallier en petite rade, à dévorer notre honte et à nous soumettre au malheur de notre destinée. »

Désormais le goulet de la rade était libre. Nulle force ne s'opposait plus à l'entrée des escadres alliées. Vingt-quatre vaisseaux anglais et vingt vaisseaux espagnols prirent donc tranquillement leur mouillage dans la rade de Toulon, devant cet arsenal que Vauban avait entouré d'une enceinte pour le mettre à l'abri des coups de main de l'ennemi[1].

Le sacrifice était consommé. Si douloureuse à notre amour-propre national que puisse être la conduite des sections de Toulon, il faut la juger avec quelque indulgence. Certes, ils furent cou-

---

1. Sur la livraison de Toulon, on consultera avec fruit l'important ouvrage de M. Paul Cottin, directeur de la *Revue rétrospective*, intitulé : *Toulon et les Anglais en 1793* (Paul Ollendorf, éditeur). Voir aussi le 1er volume de l'ouvrage, déjà cité, de M. Fabre : *Les Bouvet* (Berger-Levrault et Cie, éditeurs).

pables, les citoyens qui composaient le comité général ; mais avant les journées fatales où ils se trouvèrent aux prises avec d'effroyables difficultés, ayant devant eux les ennemis de l'extérieur et derrière eux les ennemis de l'intérieur, ces hommes avaient assumé une tâche qui doit leur être comptée, celle d'arracher la ville à la sanglante tyrannie du club de Saint-Jean. Il leur avait fallu un réel courage pour braver en face les meneurs de ce club et pour établir leur autorité contre le despotisme de la Société populaire. Plus tard, quand ils eurent la pensée de recourir à l'intervention de l'étranger, c'était encore dans l'espoir de donner à leur ville si malheureuse la tranquillité dont elle avait besoin. D'ailleurs, ils croyaient fermement que lord Hood ne prenait leur ville que comme un dépôt pour le compte de Louis XVII. Dans leur adresse à cet amiral, ils avaient inséré cette condition à l'article 8 : « Lorsque la paix aura été établie en France, les vaisseaux et les forteresses qui auront été mis à la disposition des Anglais rentreront au pouvoir du roi de France, dans le même état où ils étaient lors de l'inventaire. » A quoi lord Hood avait répondu dans une nouvelle déclaration du 28 août : « Je répète ce que j'ai déclaré au peuple du midi de la France, que je prends possession de Toulon et que je le garderai uniquement pour Louis XVII, jusqu'à ce que la paix soit rétablie en France, ce qui, je désire et j'espère, sera bientôt. Donné, etc. »

Ah ! sans doute le patriotisme aurait dû les retenir, ces hommes qui livraient, en pleine guerre, un arsenal et une flotte à l'ennemi de leur pays ! Mais l'idée de patrie était confuse alors, elle n'avait pas la netteté qu'elle a acquise depuis, grâce aux grandes guerres de coalition qui ont opéré la fusion des dévouements et des sacrifices de tous les Français : en signant la livraison de leur cité, les sections se préoccupaient moins d'enlever une ville à la France que de l'arracher au joug de la Convention. Quand on voudra les flétrir pour avoir voulu, par une capitulation, épargner à leurs concitoyens les horreurs de la guerre civile et les vengeances des troupes conventionnelles, il faudra se souvenir que ces désespérés étaient dans la plus effrayante situation, manquant de tout, de pain, de vivres et d'argent, et qu'ils se trouvaient acculés à une de ces impasses terribles où le devoir est aussi difficile à connaître qu'à accomplir. La seule force réelle qu'ils avaient à opposer à l'ennemi était l'escadre, l'armée n'ayant que des effectifs insignifiants. Or le chef de cette escadre, l'amiral Trogoff, ne s'était pas montré rebelle à l'idée de capituler. Pourquoi de simples bourgeois auraient-ils été plus résolus, plus héroïques que ce soldat ?

Lui, au contraire, doit être jugé avec sévérité. Du jour où la crise éclata, il cessa de venir sur son vaisseau et demeura à terre, sous le prétexte de soigner une attaque de goutte, en réalité pour suivre plus à son aise les séances du comité général des sections. Il laissa son escadre au commandement occasionnel et mal défini de Saint-Julien, en présence même de l'ennemi dans un moment d'agitation et de trouble, où il aurait dû surveiller lui-même et de très près ses équipages, pour les tenir à l'abri des excitations du dehors. Il manqua ainsi à son devoir militaire.

Les deux autres chefs de la marine, Chaussegros et Puissant, ne sont guère moins coupables que lui. Ils ne se sont pas contentés de subir et d'exécuter avec résignation les décisions du comité général. Ils ont pris part à ses délibérations et ils portent la peine de la livraison de Toulon. On a pourtant cherché à les défendre. Comme ils avaient fait le dépôt de la ville et du port aux Anglais pour le compte de Louis XVII, il s'est trouvé, sous la Restauration, des gens assez aveuglés par la passion politique, pour les *glorifier* d'avoir livré leur port et leur escadre. D'autres défenseurs, sans aller jusqu'à cet enthousiasme, se sont appuyés sur la correspondance de Trogoff avec le ministre, pour montrer que cet amiral avait demandé vainement des ordres et qu'il avait été, pour ainsi dire, abandonné par ses chefs. Un pareil abandon, si tant est qu'il ait existé, n'excuserait pas la conduite de Trogoff, ni sa participation aux actes du comité des sections. D'ailleurs, sa correspondance ne porte nullement la trace de préoccupations ou de combats intérieurs et ne décèle pas les cruels embarras d'un chef tiraillé entre son devoir de soldat et des opinions contraires. Il est vrai qu'il manifeste à maintes reprises le désir de quitter Toulon, « où, dit-il, sa position est épineuse », pour aller à Saint-Domingue ; mais, comme on ne lui répond pas, il se contente de déplorer « une incertitude qui l'empêche de faire tout ce qu'il voudrait pour le plus grand bien de la République ». Ailleurs il réclame des instructions formelles pour attaquer l'escadre espagnole qui croise devant la rade, car il ne se sent pas en forces convenables pour le faire avec avantage; mais de la ville il ne parle pas. Ce qui achève de donner la mesure de son caractère, c'est le double jeu qu'il joue : tandis qu'il donne des gages au comité réactionnaire des sections, il proteste de son civisme auprès du ministre, témoin cette lettre du 11 juillet, dans laquelle il annonce qu'il procédera avec pompe, à la proclamation de la Constitution de 1793 : « Vous me rendrez justice, de penser que mon zèle n'a pas besoin d'être excité quand il s'agit de l'intérêt de la patrie. »

Pour le laver des reproches qu'on lui a adressés, on a montré l'impossibilité où il était de résister aux flottes coalisées avec une escadre aussi mal équipée que la sienne. C'est là sa meilleure excuse. Le 6 juin, en effet, il faisait savoir au ministre que tous les vaisseaux de l'armée navale avaient leur équipage incomplet. Quelques semaines plus tard, le 12 juillet, quand l'occasion s'offrait à lui de prendre le large pour aller combattre l'escadre espagnole, il écrivait cette phrase qui ne donne pas une idée bien flatteuse de l'ardeur guerrière de ses marins : « Ils murmurent tous hautement contre ceux qui ont voulu les faire sortir. » Il est vrai qu'au même moment l'ordonnateur Puissant informait, de son côté, le ministre que « jamais l'arsenal de Toulon et le département du Var ne furent mieux disposés à combattre l'ennemi », en sorte qu'il est difficile de savoir à quoi s'en tenir sur la sincérité des dires de Trogoff ou de Puissant. Au milieu de tant de contradictions, une seule chose est certaine : ces anciens officiers royalistes, écœurés des excès dont Toulon avait été le théâtre sous la domination du club, se résolurent à signer un pacte avec l'ennemi.

LE COMBAT DU « ÇA-IRA »

(14-15 MARS 1795)

Dans l'histoire des guerres maritimes de la Révolution, un épisode domine tous les autres et les absorbe pour ainsi dire, c'est celui du *Vengeur*. Peintres, écrivains, dramaturges, poètes et chansonniers ont popularisé à l'envi l'agonie de ce noble vaisseau, qui succomba sous les coups de l'ennemi, le 1er juin 1794, après la plus mémorable défense. Mais à côté de cet épisode digne assurément d'être admiré, combien de faits héroïques sont demeurés inconnus où nos matelots ont accompli pourtant des prodiges de vaillance. Tel est le combat livré, en 1795, non loin de Gênes par le vaisseau *le Ça-Ira*.

Pour payer aux marins de l'époque de la Révolution le tribut d'éloges qui leur est dû, il faut se rappeler dans quelles conditions déplorables ils avaient à combattre. Les ports étaient dénués de tout, les vaisseaux usés, les gréements hors de service et les officiers trop souvent incapables et inexpérimentés. On a vu, en effet, dans les études précédentes comment la Convention se trouva forcée de faire surgir des rangs subalternes de la flotte les commandants et les officiers dont elle avait besoin sur ses vaisseaux.

Ce que le respect hiérarchique était devenu au milieu de la désorganisation des cadres de la marine, on le devine aisément. D'une part, les chefs improvisés avaient peu de prestige, d'autre part, les matelots, laissés à leur rang et mis à l'écart dans les promotions, supportaient mal l'autorité nouvelle de leurs camarades de la veille. Les séditions éclataient de toutes parts sur nos vaisseaux. Se lancer dans une guerre avec de tels éléments eût été regardé, en d'autres temps, comme une témérité ridicule, comme une entreprise insensée. Mais tout devait être extraordinaire dans cette extraordinaire époque, tout, jusqu'à la foi que les hommes avaient dans la réussite de leurs desseins, jusqu'à leur imprudence juvénile, jusqu'à leur irréflexion grandiose. La Convention n'hésita pas, dit l'amiral Jurien de la Gravière : « Elle poussa ses escadres dehors avec un personnel novice, décréta l'activité dans les arsenaux comme elle venait de décréter la victoire aux frontières[1]. »

Et telle était la puissance de l'enthousiasme animant tous les cœurs que ces mêmes marins, qui, dans les ports, donnaient les plus tristes exemples d'indiscipline, montraient parfois, en face de l'ennemi, une ardeur guerrière que rien n'ébranlait.

Au commencement de l'année 1795, le Comité de Salut public avait décidé de tenter un coup de main sur la Corse, que les Anglais occupaient alors, grâce aux agissements de Paoli et où ils venaient d'installer un vice-roi, sir Gilbert Elliot. L'opération ordonnée par le Comité de Salut public consistait à essayer de jeter dans le nord de la Corse un corps de 6,000 hommes, commandé par le général Gentilly, avec mission de s'emparer des abords du golfe de Saint-Florent,

---

[1]. Jurien de la Gravière, *Guerres maritimes sous la Révolution et l'Empire* (1er vol.).

puis de la ville de Bastia pour rayonner, de là, dans l'île et en chasser les Anglais.

Le corps de Gentilly devait prendre passage sur un convoi de quinze transports, qu'accompagnerait et protégerait l'escadre de la Méditerranée, car les quinze vaisseaux de l'escadre de lord Hotham se trouvaient précisément dans ces parages, séjournant tantôt à Saint-Florent, tantôt à Livourne. Détail curieux : Bonaparte était chargé de diriger l'artillerie du corps expéditionnaire. Le bâtiment qu'il devait monter était le brick *l'Amitié,* où il allait se trouver avec son frère Louis, Marmont, Muiron, Songis, Sugny et le reste de l'état-major de l'artillerie [1].

Notre escadre était forte de quinze vaisseaux de ligne, quatre frégates, trois corvettes [2] et avait pour chef le contre-amiral Martin, qui avait servi comme pilote sur les vaisseaux du roi et

---

1. *Mémoires de Lucien Bonaparte* (1ᵉʳ vol., p. 129).
2. Voici la composition de l'escadre :
1 vaisseau à trois ponts : *le Sans-Culotte;*
2 vaisseaux de 80 : *le Tonnant* et *l'Antifédéraliste;*
12 vaisseaux de 74 : *le Duquesne, le Conquérant, le Ça-Ira, le Généreux, le Censeur, le Timoléon, l'Heureux, le Guerrier, le Bara, l'Alcide, le Peuple-Souverain, le Mercure;*
3 frégates : *la Junon, l'Iphigénie, la Vestale;*
1 brick : *l'Alerte.*

que la Révolution avait élevé au grade d'officier général. Très bon marin d'ailleurs, très brave aussi, énergique et consciencieux, le chef de notre escadre jouissait de la confiance de ses inférieurs. Dès qu'il eut connaissance des projets du gouvernement, l'amiral Martin fit observer que les soins à donner pour conduire à destination un nombreux convoi, gêneraient l'escadre dans ses mouvements. « Il proposa donc de faire sortir son armée navale seule, d'attaquer l'ennemi partout où il le rencontrerait, de lui faire assez de mal pour l'empêcher de tenir la mer et de profiter du moment où elle serait libre pour faire partir le corps de débarquement. Cette proposition trouva dans le Comité une opposition invincible et donna lieu à des discussions très animées, à la suite desquelles l'amiral écrivit au Comité de Salut public et lui demanda à être remplacé. La réponse ne se fit pas attendre et un arrêté donna gain de cause au commandant en chef qui se disposa à mettre sous voiles [1]. »

Malheureusement la plupart de ses subordonnés n'étaient guère en état de le seconder

---

1. *Vie de l'amiral Martin*, par le comte Pouget (p. 67).

utilement. Le capitaine Laugier, embarqué sur un des vaisseaux, le *Mercure,* a écrit dans ses mémoires : « Les états-majors formaient un mélange de bon, de médiocre et de mauvais, de sorte qu'il aurait fallu mettre chacun à sa place, lever le capitaine de vaisseau qui aurait été bon maître d'équipage, placer le lieutenant qui aurait été bon capitaine ; donner à tel lieutenant le commandement d'une barque et à cet enseigne, ignorant jusqu'à la boussole, le timon de la chaloupe[1]. » Quant aux équipages, on avait dû, faute de monde, les compléter avec des soldats de l'armée de terre tout à fait ignorants des choses maritimes. Le 28 février, en effet, le contre-amiral Martin écrivait au ministre : « Il n'est pas possible d'avoir des vaisseaux plus mal armés en marins. Le nombre de militaires et de novices qui n'ont jamais été à la mer s'élève à 7,500 hommes sur une totalité de 12,000 hommes qui forment la totalité des quinze vaisseaux. En diminuant sur la totalité 1,300 officiers ou sous-officiers, il reste à peu près 2,724 matelots répartis sur tous les vaisseaux... Nous avons

---

1. *Les Cahiers du capitaine Laugier.*

plusieurs vaisseaux qui ne peuvent avoir à leurs canons de 36 que deux marins canonniers, c'est-à-dire le chef et le chargeur. »

C'est avec de si pauvres éléments que l'amiral Martin devait gagner la Corse et affronter le choc de l'escadre anglaise, escadre un peu plus forte que la nôtre, puisqu'elle comptait quatre vaisseaux à trois ponts et que nous n'en comptions qu'un seul. Mais là pourtant n'était pas notre plus grande cause d'infériorité. Les deux flottes différaient surtout par la valeur du personnel, car les vaisseaux britanniques formaient une escadre aguerrie, montée par des officiers instruits, par des équipages exercés.

Le 11 ventôse (1er mars), notre escadre sortit de Toulon. Sur le navire amiral se trouvait le représentant du peuple Letourneur (de la Manche), en qualité de commissaire général de la Convention [1]. Afin d'enflammer le courage des marins, il avait fait afficher dans chaque navire la proclamation suivante, qui vaut d'être citée pour son lyrisme significatif :

« Braves marins, le jour de gloire est arrivé

---

1. Letourneur était un ancien capitaine du génie.

pour vous. Déjà la trompette guerrière vous appelle à la victoire. J'en lis le présage sur vos fronts républicains. Hâtons-nous donc de cueillir la vaste moisson de lauriers qui s'apprête. Élançons-nous avec courage sur le sein des mers, pour en punir les tyrans. Le génie de la liberté qui enflera vos voiles vous guidera dans les champs de l'honneur. Qu'il sera grand et sublime le spectacle que vous allez donner à l'univers !

« C'est à vous, braves marins, qu'il est réservé d'assurer les triomphes de la République en punissant nos fiers ennemis de leur téméraire audace, c'est à vous de cicatriser les plaies qu'ils font à la Patrie. Ils obstruent tous les canaux de la circulation maritime ; ils nous privent des richesses de l'Afrique et du Levant ; ils sèment partout la corruption et l'effroi.

« Braves marins, il est temps de réparer tant de maux ; levez l'ancre, déployez l'oriflamme de la liberté et partons avec assurance pour la venger des outrages qu'on osa lui faire. Comptez sur les heureux destins de la France. Le ciel qui nous a aplani le chemin de la conquête en glaçant les marais de la Hollande, soumettra les éléments à votre courage héroïque. L'aiguille de nos boussoles, aimantée par l'amour de la Patrie sera toujours tournée vers la liberté. La malveillance se flatterait en vain d'abattre votre énergie en semant des terreurs imaginaires, en cherchant à vous faire entrevoir des dangers partout où vous devez trouver des triomphes... Paraissez, et vous disperserez le vil troupeau d'esclaves qui combat pour la tyrannie. Qu'il me serait doux, braves marins, d'avoir contribué à vos succès ! Avec quel plaisir je les annoncerais à la France entière !

« Réunissons tous nos efforts pour mêler au chant de la victoire ce cri si cher à tous les amis de la liberté : Vive la République une, indivisible et démocratique !

« LETOURNEUR,
« de la Manche. »

Les présages de victoire que le représentant du peuple se plaisait à voir « sur les fronts républicains » des marins, se réalisèrent tout d'abord. Le 6 mars, aux atterrages de la Corse, la frégate *l'Alceste,* capitaine Lejoille, rencontra le vaisseau anglais le *Berwick* auquel elle coupa la route. Ayant mené l'attaque avec une belle intrépidité, l'*Alceste* désempara l'anglais dans sa mâture et réussit à lui faire amener son pavillon. Les avaries légères que le *Berwick* avait éprouvées faisaient espérer à l'amiral que ce vaisseau serait capable de suivre notre escadre et de la renforcer. Mais au moment où le *Berwick* passait à portée du *Duquesne,* ce dernier lui envoya plusieurs bordées qui le mirent hors d'état de suivre l'armée et obligèrent à le renvoyer à Toulon. Le commandant du *Duquesne,* appelé à bord de l'amiral, fut vertement blâmé d'avoir tiré sur un bâtiment qui s'était rendu.

Quelques jours plus tard, le 12 mars, l'amiral Martin ayant continué sa croisière apprit, près de Gênes, que quatorze vaisseaux de guerre étaient en vue. C'était l'escadre ennemie. La nuit du 12 au 13 se passa en observation; enfin le 13, au point du jour, l'amiral anglais fit signal à ses navires de chasser en avant et d'augmenter de voiles.

En exécution du décret de la Convention qui prescrivait aux amiraux de passer sur une frégate pour diriger le combat, l'amiral Martin laissa son vaisseau *le Sans-Culotte,* et s'embarqua avec Letourneur sur la *Minerve*. Le contre-amiral Delmotte arbora son pavillon sur la *Friponne*.

Trois de nos vaisseaux ayant été sous-ventés, notre ligne se forma avec difficulté ; quand plus tard le calme succéda à la bourrasque, les deux escadres restèrent à distance sans combattre. Enfin le soir, la tempête ayant repris avec violence, le *Mercure* démâta de son mât de hune et, se jugeant incapable de manœuvrer, abandonna l'escadre. Pendant la nuit, le *Ça-Ira*, de 80 canons, aborda la *Victoire* et cassa deux de ses mâts, ce qui le mit dans l'impossibilité de garder son poste et le contraignit à se faire remorquer par la frégate *la Vestale*.

Le *Ça-Ira* (ci-devant appelé *la Couronne* et débaptisé en 1792) était commandé par le capitaine Coudé, un ancien officier de la Compagnie des Indes, qui avait pour second un jeune homme de vingt-sept ans, du nom de Jacob, tout récemment promu lieutenant de vaisseau à la suite de combats heureux sur des corsaires[1].

---

[1]. Voir dans la *Revue maritime* d'octobre 1900 un intéressant article sur *le vice-amiral Jacob,* par M. le chanoine A. E. Genty.

Le 14, au petit jour, le *Ça-Ira,* ainsi désemparé et semblant une proie facile, devint immédiatement le point de mire de l'avant-garde ennemie, où Nelson commandait un vaisseau. Mais une habile manœuvre des nôtres et une belle résistance du *Ça-Ira* firent reculer l'intrépide Nelson lui-même et la journée s'acheva sans nouvel engagement. L'amiral Martin eut d'ailleurs toutes les peines imaginables à reconstituer sa ligne et à se faire rallier par les retardataires. L'un de ceux-ci, le vaisseau *Sans-Culotte,* manœuvra de telle sorte qu'il perdit le contact de l'escadre. Cet abandon, joint à celui du *Mercure,* diminuait donc nos forces de deux vaisseaux !

Le lendemain 15, au lever du soleil, les deux armées se retrouvèrent en vue l'une de l'autre par un calme presque plat, si bien que le *Ça-Ira* remorqué cette fois, non par une frégate, mais par le vaisseau *le Censeur,* capitaine Benoist, restait à une assez grande distance du corps de bataille français. A 6 heures, la brise vint brusquement du nord. Les Anglais, qui la reçurent les premiers, en profitèrent pour couper ces deux bâtiments de notre escadre et pour les entourer.

LE COMBAT DU « ÇA-IRA ».

Alors s'engage un combat des plus acharnés. Les vaisseaux *le Captain* et *le Bedford* serrent de près le navire du brave Coudé, qui fait servir toutes ses pièces avec une activité sans seconde. Les coups de canon se succèdent multipliés. Au bout d'une heure, l'un des anglais, n'ayant plus une voile en état, ayant son gréement coupé en mille morceaux, arbore le signal de détresse, tandis que l'autre, presque aussi endommagé, est contraint de se faire conduire par ses canots loin de la portée de nos boulets.

Cependant le feu du *Ça-Ira* ne cesse pas, bien que la mitraille ait fait maints ravages dans ses batteries. Deux trois-ponts anglais, l'*Illustrious* et le *Courageux,* viennent aussitôt prendre la place de ceux des leurs qui ont déserté le combat, et ouvrent un feu nourri. Un instant, trois autres anglais se rapprochent assez du *Ça-Ira* et du *Censeur* pour lâcher sur eux une bordée de leur artillerie, avant que l'escadre de l'amiral Martin, manœuvrant à faux, ait pu les arrêter dans leur marche.

Sur le *Ça-Ira,* il n'y a plus une manœuvre intacte, les mâts sont hachés, leurs débris encombrent le pont, des lambeaux de voiles et de cordes pendent le long des murailles meurtries par les boulets. Mais l'héroïque vaisseau répond toujours aux coups qui l'écrasent. Bientôt l'*Illustrious* et le *Courageux* sont démâtés : le premier se voit contraint d'abandonner la lutte et va se jeter à la côte pour ne pas couler. « Jamais, a écrit un témoin, on ne vit un vaisseau en si triste état, il ressemblait à un monceau de ruines. » Survient alors un autre anglais, qui, comme tout à l'heure, remplace le vaisseau fuyard et rejoint le *Ça-Ira* à portée de pistolet. Coudé fait évacuer les gaillards et envoie dans les batteries tous ses hommes encore valides. Lui-même est déjà blessé au bras droit, lorsqu'un biscaïen lui laboure l'estomac. Il tombe et Jacob a le périlleux honneur de lui succéder dans le commandement. Pas un instant le nouveau capitaine ne songe à cesser la lutte. Il veut, lui aussi, prolonger la défense jusqu'à la mort du dernier marin du *Ça-Ira*. Et pourtant sur 187 matelots et 496 soldats qui forment l'équipage, 300 sont hors de combat ; des cadavres mutilés gisent sur les ponts rougis par le sang ; sur 13 officiers, 11 sont tués ou blessés !...

Soudain le feu cesse à bord du *Ça-Ira*. Qui

en a donné l'ordre ? Personne. La fatalité seule est cause de ce silence qui déchire le cœur de Jacob. Les boulets ont tellement criblé la coque qu'il y a douze pieds d'eau dans la cale et que les poudres sont noyées. Il n'y a plus moyen de combattre. Tout semble fini..... Non pas ! Le vaillant Jacob n'amène pas encore son pavillon. Il envoie ses calfats et ses charpentiers boucher les trous béants qui sont voisins de la flottaison et il espère pouvoir étancher l'eau, peut-être rouvrir le feu et accomplir de nouveaux exploits.

Mais les Anglais ne le lui permettent pas... Deux de leurs vaisseaux accostent le *Ça-Ira* et, s'emparant de ce ponton lamentable, désormais incapable de résistance, ils l'amarinent.

Ainsi prit fin le combat du *Ça-Ira*. Le vaisseau *le Censeur* qui, pendant toute la lutte, s'était tenu près de son compagnon pour le couvrir, et qui avait supporté comme lui les bordées de sept vaisseaux anglais acharnés contre les nôtres, dut à son tour amener son pavillon.

Mais l'honneur était sauf. L'amiral Martin le proclama dans son journal : « Il n'est pas possible, s'écria-t-il, de faire une plus belle résistance que ces deux vaisseaux. Leur feu a été aussi terrible que bien dirigé et les équipages ont montré le courage le plus étonnant. »

Le feu de nos vaisseaux avait été si actif[1], la situation des ennemis était telle, que l'amiral Martin se décida à poursuivre la lutte. Les officiers qui entouraient le représentant du peuple l'engagèrent « à ne pas céder le champ de bataille, disant que nous avions encore dix vaisseaux et que l'ennemi ne pouvait en mettre en ligne plus de onze, sûrement faibles de monde. Toutes les objections furent inutiles, le représentant prit un arrêté par lequel il ordonnait au général de faire route pour le port de Toulon. Nous restâmes en panne jusqu'à sept heures du soir, heure à laquelle nous fîmes route[2] », laissant sur le champ de bataille des ennemis près de se rendre et deux de nos vaisseaux bien dignes assurément qu'une flotte se compromît pour les sauver.

---

1. Voir dans la *Nouvelle revue rétrospective*, du 10 février 1900, les *Souvenirs du capitaine de vaisseau Khrom*, qui commandait le *Timoléon* dans le combat.
2. *Mémoires* du chef de division Étienne, chef d'état-major de l'amiral Martin.

Quand le brave Coudé, blessé, meurtri, couvert de sang, arriva sur la *Princess-Royal,* il fut l'objet d'une manifestation presque triomphale. L'amiral et ses officiers vinrent à sa rencontre pour lui rendre hommage, et l'équipage, subjugué par tant de bravoure, lui fit une ovation. Lorsque, suivant l'usage, il eut à remettre son épée à son vainqueur, celui-ci la prit et lui présentant la sienne en échange : « Commandant, dit-il, je garde pour moi cette glorieuse épée, mais acceptez la mienne comme un signe d'admiration pour votre personne. »

Le vice-roi, sir Gilbert Elliot, ne fut pas moins élogieux pour les nôtres dans son rapport officiel : « Les deux navires français, écrivait-il, se sont noblement conduits... L'avantage n'a pas été aussi grand pour nous qu'on se l'était imaginé tout d'abord. Nous avons perdu l'*Illustrious,* beau navire de 74 qui, démonté dans le courant de l'action, a été jeté à la côte près de la Spezzia. La perte du *Berwick* a été pour nous un vrai désastre. D'un autre côté, les Français n'ont pas été bien éprouvés. Ils ont, il est vrai, perdu deux navires, mais nous n'en pouvons tirer aucun parti, tandis que des deux navires dont nous avons à déplorer la perte, l'un va être immédiatement armé contre nous. »

Quoi qu'il en soit, le but de l'expédition était manqué. La tentative de débarquement en Corse ne pouvait plus s'opérer dans les conditions où on l'avait projetée. En conséquence, l'escadre se rapprocha de la côte de Provence pour couvrir les vaisseaux qui s'étaient séparés d'elle et ramener prudemment au port les bâtiments maltraités. Elle rencontra au golfe Juan le *Berwick* et le *Mercure*. Quant au *Sans-Culotte,* elle apprit bientôt par un brick envoyé en reconnaissance que ce vaisseau, poursuivi par cinq ennemis, avait dû se réfugier à Gênes. Il ne tarda pas, d'ailleurs, à rallier le pavillon de l'amiral Martin, qui rentra à Toulon le 5 germinal (25 mars).

Pendant que cette concentration de l'escadre s'opérait, les équipages du *Ça-Ira* et du *Censeur* étaient débarqués en Corse et internés, les officiers à Corte, les hommes à Saint-Florent. Les Anglais les traitèrent fort convenablement. Le vice-roi invita cinq officiers à dîner. Et voici ce qu'il écrivit à leur sujet : « Le capitaine du *Ça-Ira* est un homme intelligent que ses manières et son langage font ressembler quelque peu à un gentleman[1], bien que, à cet égard, il n'y ait rien de trop, même chez lui. Les autres sont des gueux comme on n'en voit qu'en France. Ils sont horriblement laids. Ils se sont bravement battus et nous ont ainsi obligés d'avoir pour eux une sorte de respect. » Le portrait n'est guère flatté. Il est à craindre, pourtant, qu'il ne soit très exact et que, tout au moins dans leur costume, ces pauvres gens fussent fort négligés, car, avant le départ de Toulon, les officiers eux-mêmes manquant de tout, privés de solde depuis longtemps, avaient dû se faire habiller « en prenant dans les dépôts des biens d'émigrés tout ce qui pouvait être employé à leur faire des vêtements, sans égard à la valeur des étoffes[2] ». En tout cas, lady Elliot renchérissait encore sur la mauvaise impression causée par nos marins, quand elle écrivait à sa sœur à la suite de ce dîner : « Décrire l'aspect de ces officiers est impossible. Je me trouvais en présence d'échappés de galères. Le capitaine du *Ça-Ira* n'avait pas trop mauvais air, mais le deuxième me rappelait

---

1. Coudé, dont il s'agit dans ce passage, avait été prêtre avant de devenir marin.
2. Brun, *Guerres maritimes de la France*, t. II, p. 266.

Barbe-Bleue. Leur malpropreté était repoussante ; j'étais tellement remplie d'horreur et ma stupéfaction était telle, que j'ai gardé absolument le silence pendant deux heures. Ils étaient étonnés d'être traités avec tant de civilité. Aussi essayaient-ils d'être polis à leur tour, en disant : Monsieur, Madame et Votre Excellence. Ils paraissaient très fiers de leur conduite et, en effet, ils se sont battus comme des dragons. Ils ont dit, à la fin, qu'ils attendaient que leur flotte leur portât secours, et ils étaient tellement excités contre leur amiral qu'ils espéraient, déclaraient-ils, qu'il serait sous peu guillotiné[1]. »

Coudé et Benoist se trompaient en accusant leur amiral. Celui-ci avait prescrit à son escadre les mouvements propres à venir en aide aux deux bâtiments engagés, mais l'inhabileté des capitaines empêcha l'exécution de ces mouvements en temps voulu.

Un jury, nommé conformément aux dispositions de la loi de 1790, fut chargé d'examiner la conduite des capitaines du *Sans-Culotte,* du

---

1. Lettres citées par M. Maurice Jollivet, dans son livre : *Les Anglais dans la Méditerranée* (1794-1797), p. 126-127.

Mercure, qui s'étaient séparés, et du *Duquesne*, qui avait mal exécuté les manœuvres ordonnées. Ce jury les déclara hors d'accusation. Les capitaines du *Ça-Ira* et du *Censeur* furent jugés à leur retour à Toulon, quand on eut procédé à leur échange avec des prisonniers anglais. Ils furent absous. Relativement à Coudé, les jurés firent la déclaration suivante : « Le jury légalement assemblé, pénétré de la situation critique où se trouvait le vaisseau, dans la journée du 24 ventôse dernier, a déclaré et déclare à l'unanimité que la bravoure, l'intelligence et la sagesse qu'a mises le capitaine Coudé dans ce combat et dans toutes ses opérations, lui ont valu l'estime et l'admiration de tous ses camarades, ce qui doit lui obtenir le titre honorifique de brave défenseur de la patrie. »

Déjà le représentant Letourneur, en envoyant son rapport à la Convention, n'avait pas marchandé ses éloges au brave Coudé. Il avait associé les marins du *Ça-Ira* à leur chef et, sur sa proposition, les survivants de ce noble vaisseau furent tous élevés au grade supérieur.

N'est-ce point un bel exemple à citer et à retenir que celui de ce vaisseau mal équipé, armé à la diable, qui, désemparé dès le début de l'action, abandonné sur le champ de bataille par suite d'une fausse manœuvre de ses compagnons d'armes, sut trois fois, en quelques heures de combat, faire reculer des ennemis plus nombreux, plus aguerris, mieux commandés et se remplaçant à tour de rôle?

L'histoire, qui recueille si facilement des légendes douteuses, est injuste quand elle laisse dans l'oubli des dévouements sublimes, des sacrifices faits sans illusion, comme sans peur. Nelson, qui se connaissait en valeur guerrière, avait coutume de dire : « Le succès suffit pour couvrir bien des fautes, mais combien de belles actions restent à jamais ensevelies sous une défaite ! »

LES

PLANS MARITIMES DU DIRECTOIRE

On fait volontiers honneur à Napoléon de son projet de descente en Angleterre, au moyen de la flottille de Boulogne.

Ce serait une sottise de vouloir enlever à César ce qui est à César. Napoléon, par son génie, commande l'admiration, et quiconque veut attenter à sa gloire ne recueille que le sourire. Mais il est bien certain, cependant, que les conceptions de 1804 et 1805 sont contenues en germe dans les plans élaborés par le Directoire en 1796 et 1797. Et c'est là un point d'histoire qui mérite d'être mis en lumière.

En quittant le ministère de la marine au mois de juillet 1797, l'amiral Truguet rédigea une sorte de long mémoire justificatif[1] intitulé : *Sys-*

---

1. Ce mémoire m'a été communiqué très obligeamment par MM. Rousselot, neveux de Truguet, qui ont tous ses papiers.

tème *maritime offensif contre l'Angleterre exécuté pendant le ministère du vice-amiral Truguet en l'an IV et l'an V* (1796-1797). On y trouve longuement exposés les projets d'invasion en Angleterre dont le Directoire s'occupa.

« Lorsque je pris le ministère, dit Truguet non sans une pointe d'amertume, le département de la guerre absorbait tous les moyens, attirait tous les vœux ; nos victoires remplissaient toutes les pensées. La gloire continentale semblait distraire de tout. On oubliait que, pour consolider notre gouvernement, il ne suffisait pas de vaincre la maison d'Autriche et de fonder des républiques en Italie. On oubliait que, pour donner une paix glorieuse à la France et le repos à l'Europe, il fallait contenir et humilier l'Angleterre.

« Attaquer l'Anglais, l'affaiblir, le ruiner, tel était mon but. Ce plan offensif exigeait l'armement et les opérations de plusieurs fortes escadres ; la mise en rade à Brest d'un noyau d'armée navale ; l'équipement prompt d'une flottille bien ordonnée. Tous ces éléments étaient à composer ; je ne fus point rebuté par les obstacles.

« Après avoir combiné d'avance toutes les ressources que je pouvais créer, je sollicitai et j'obtins du Directoire son assentiment pour diriger exclusivement et sans relâche tous les moyens de la marine vers le but décisif de l'invasion du territoire anglais en Europe et dans les deux Indes.

« C'est sur ce territoire ennemi que le Directoire voulut porter la guerre ; c'est en Angleterre qu'il voulait signer la paix.

« Le Directoire résolut en même temps d'aller au secours d'un peuple opprimé et de rendre l'Irlande libre. Cet acte de magnanimité, exécuté comme il devait l'être, était le coup préalable le plus décisif porté au cabinet de Londres.

« Je demandai, pour exécuter ces vastes plans, qu'un arrêté du Directoire fut ainsi conçu :

« Art. 1er. — Il sera débarqué 30,000 hommes en Irlande
« sous les ordres du général Hoche.
« Art. 2. — 60,000 hommes seront ultérieurement dé-
« barqués sur les côtes d'Angleterre.
« Art. 3. — Le Ministre de la marine est chargé de
« l'exécution du présent arrêté. »

« Ce système d'entreprises hardies devait s'étendre sur les colonies anglaises des deux Indes ; ces grandes opérations concertées simultanément se trouvaient coordonnées pour arriver au même but, et quoique nos îles fussent elles-mêmes attaquées, il fallait subitement les organiser de manière à changer cet état de défense timide en audacieuse offensive et les précipiter sur celles de nos ennemis. »

Ainsi donc Truguet avait deux entreprises différentes en vue, la première consistant à prendre pied en Irlande, la seconde à opérer un grand débarquement en Angleterre.

C'est de ce second projet qu'il s'agit ici : pour le mener à bien Truguet avait combiné toute une série de mesures qu'il énumère dans son mémoire et que voici :

« 1° Équiper le mieux et le plus possible des bâtiments de guerre ; former des escadres et des divisions à Brest, Toulon et Rochefort, les envoyer avec secret et rapidité sur les points importants, soit pour détruire les établissements anglais, soit pour intercepter les convois, soit même quelquefois pour exercer seulement les officiers et les marins, pour leur rendre l'habitude de la navigation, des manœuvres et de la tactique navale, enfin pour les préparer à composer l'ensemble d'une armée navale expérimentée ;

« 2° Combiner la marche et le retour de ces

différentes expéditions partielles pour une époque prévue et calculée, et dans un rendez-vous commun ; obtenir ainsi par ces combinaisons hardies sur ce point, dans un instant marqué, une masse de forces navales supérieure à celle de l'ennemi croisant dans la Manche ou armé dans les ports de l'Angleterre ;

« 3° Préparer d'avance pour le moment de cette réunion générale des approvisionnements devenus plus faciles à cette époque par l'enthousiasme des Français pour les premiers succès de la marine, et s'empressant de venir à son secours. Encourager alors les villes maritimes et les négociants, par des adresses énergiques et pressantes, à des sacrifices qui puissent préparer des succès plus décisifs et plus étendus ;

« 4° Organiser une flottille de chaloupes-canonnières pendant l'absence des escadres, pour la défense de nos côtes et la protection du cabotage ; pour seconder les efforts de nos vaisseaux réunis en armée, et sous leur protection, exécuter une descente sur les côtes d'Angleterre ;

« 5° Rassembler enfin dans nos ports et sur les côtes de nombreuses troupes et d'habiles généraux prêts à s'embarquer au moment de la réunion des escadres revenues de leurs expéditions particulières.

« Telles étaient les bases du plan général d'invasion que j'avais formé. Telles étaient les opérations graduelles impérieusement nécessaires pour en obtenir du succès.

« Telle fut la marche successive que je me traçai pour créer une marine, tenir les forces navales en activité, allumer la guerre à la fois dans toutes les mers, concerter des opérations avec les armées de terre et associer la gloire maritime de la République à celle de nos armées de terre. »

Il semble bien que tout ceci et notamment le paragraphe 2, contient l'indication d'une combinaison analogue à celle de 1805. Ce n'est pas évidemment la conception de Napoléon de rendre la Manche libre pendant quelques heures, en attirant vers les mers lointaines les escadres gardiennes des côtes britanniques. Mais il y a néanmoins, dans la dispersion préalable des escadres françaises et leur réunion sur un point « dans un instant marqué », une analogie frappante entre les plans du Directoire et ceux de Napoléon Ier.

Mais il y a plus! La flottille mentionnée au paragraphe 4 avait elle-même une devancière. En effet, le 19 vendémiaire an II (10 octobre 1794), le Comité de Salut public avait arrêté « que 250 bateaux-canonnières pouvant aller à l'aviron et à la voile seraient construits dans les ports de l'Océan pour porter un canon de 24 en coursive et en état d'embarquer et de contenir 150 hommes au moins pour se rendre sur les côtes d'Angleterre, en ne tirant que trois pieds et demi d'eau au plus ». A 150 hommes par bateau, cela faisait un total de 37,500 hommes que pouvait prendre cette flottille. Outre ces 250 canonnières, il devait en être construit un nombre suffisant pour embarquer et transporter commodément 4,000 chevaux[1].

Ces bateaux-canonnières étaient d'ailleurs d'importation étrangère, et leur plan avait été

---

[1]. L'arrêté dont il s'agit spécifiait que les bateaux-canonnières auraient 56 pieds de longueur, 14 pieds de largeur, 6 pieds 6 pouces de creux et 3 pieds 6 pouces de tirant d'eau moyen.

Un autre arrêté du Comité de Salut public, daté du 28 frimaire an III, portait que 140 bateaux, dits bélandres, propres à naviguer dans les canaux de Flandre et sur l'Escaut, devaient être armés en canonnières pour porter soit un canon de 24, soit un mortier de 12 pouces.

apporté en France par le capitaine de vaisseau suédois Muskein.

C'est une flottille de ce genre que Truguet visait dans son mémoire, ajoutant ce qui suit :

« A Dunkerque se rassemblaient les chaloupes-canonnières construites par mon ordre sur les plans suédois. Il y en avait 60 munies chacune d'une pièce de 24 sur le devant, et d'une de 8 ou de 12 sur l'arrière que l'on pouvait débarquer en cinq minutes.

« Divisées en cinq bataillons de 12, elles avaient leurs troupes à bord, que le chef de cette flottille avait habituées à la manœuvre de l'aviron et à l'exercice des armes à feu et des armes blanches.

« Dans ce port j'avais aussi réuni des navires prêts à embarquer les troupes destinées. Les mesures étaient prises d'avance pour accroître subitement les moyens de transport en raison du besoin.

« Les boulangeries de Brest, de Bordeaux et de Lorient fabriquaient du biscuit. Les corderies de Nantes, de Port-Malo, de Lannion, de Bordeaux travaillaient journellement pour suppléer à celle de Brest qui ne pouvait confectionner la quantité de cordages nécessaires à l'armée pour l'époque précise de son expédition.

« Ce tableau de nos mouvements prouve la grande activité donnée à tous les ports et que chacun concourait dans la proportion de ses moyens à composer l'armée navale destinée à ruiner l'ennemi. »

Il n'entre pas dans le cadre de cette rapide analyse de raconter comment l'expédition d'Irlande tourna si mal pour nos armes et comment on se lança dans l'expédition d'Égypte après l'avortement du projet de Truguet sur l'Angleterre : cette histoire a été écrite souvent et bien écrite. Mais il était intéressant de signaler les points de similitude, assez peu connus, entre les préparatifs de débarquement faits sous le Directoire et ceux que Napoléon devait ordonner quelques années plus tard en leur donnant, du reste, une ampleur et une importance conformes à son vaste génie.

BRUEYS A ABOUKIR[1]

(1ᵉʳ AOUT 1798)

Dans les derniers mois de l'année 1797, l'ordonnateur de la marine au port de Toulon reçut à plusieurs reprises des instructions lui prescrivant de presser les travaux et de préparer des armements de navires. Ces instructions n'indiquaient d'ailleurs pas pour quel motif ce surcroît d'activité était recommandé. Mais l'ordonnateur, M. de Najac, se trouvait fort empêché d'y satisfaire : « Trois grands obstacles, écrivait-il au ministre, s'opposent à vos ordres : le premier est la pénurie des fonds pour les approvisionnements ; le second, la disette absolue des ma-

---

[1]. D'après les papiers de l'amiral Vence, qui m'ont été obligeamment prêtés par M. l'amiral Dumas-Vence, et d'après les curieux *Mémoires* du chef de division Étienne, que m'a confiés son petit-fils, M. le commissaire en chef Morin, chef du service de la marine à Bordeaux.

tières ; le troisième, la difficulté de trouver des marins pour les équipages. En faisant disparaître le premier, le second sera facilement aplani ; le dernier offre le plus de difficultés à surmonter. »

Dix jours après cette lettre, c'est-à-dire le 1ᵉʳ janvier 1798, l'ordonnateur était avisé de l'envoi de plusieurs millions. Le ministre donnait en même temps les moyens de liquider l'arriéré de l'an V et de réunir des approvisionnements et des subsistances. Toutefois, il continuait à laisser dans le plus profond mystère la raison de ces largesses. Mais comme celles-ci étaient très rares, pour ne pas dire inconnues, dans un temps où la pénurie des fonds était un mal chronique, chacun pensa que les préparatifs ordonnés avaient trait à une expédition de réelle importance. Le zèle ne fit pas défaut. Les adjudications de vivres s'ouvrirent sans retard, les munitions de toute espèce s'entassèrent dans les magasins, la fabrication du biscuit fut menée grand train, les travaux de tous genres furent poussés avec ardeur. Un service pourtant ne donnait guère satisfaction : c'était celui de la levée des marins. Malgré des promesses de payements en espèces sonnantes, les inscrits maritimes se dérobaient. Et les doléances que l'ordonnateur adressait au ministre étaient tristement significatives : « Les difficultés que nous éprouvons dans la composition des équipages de nos vaisseaux sont telles, disait-il, que notre zèle et toutes les mesures que nous avons prises pour accélérer les levées n'ont encore pu produire que fort peu de marins. Cette classe d'hommes est inaccessible au sentiment de l'honneur et du devoir dans les ports de l'Ouest, et particulièrement dans ceux de Martigues, Arles, Cette, Agde et Narbonne[1]. »

Au mois d'avril 1798, les Toulonnais apprirent, de façon explicite, qu'il s'agissait d'une expédition considérable devant être confiée au jeune héros d'Italie. D'une part, en effet, une Commission spéciale, nommée par Bonaparte et envoyée dans le Midi, avait pour tâche de préparer l'embarquement de 12,000 à 13,000 hommes à Toulon et de 5,000 à Marseille ; d'autre part, Bonaparte, dans une lettre datée du 10 germinal an VI (1ᵉʳ avril), chargeait le port d'étudier la construction de pontons, de canonnières

---

1. Lettre au ministre, du 2 février 1798.

et de corvettes dont il donnait l'idée générale, voire même les plans d'ensemble, et parlait du moment où il aurait à se servir de ces bâtiments[1]. Mais le but de l'expédition restait mystérieux; car le titre de cette commission spéciale, celui de *Commission de l'armement des côtes de la Méditerranée,* semblait être volontairement vague et indéfini.

L'armée concentrée entre Toulon et Marseille

---

1. Voici cette lettre de Bonaparte :

« Vous trouverez ci-joint :

« 1º Des plans et notes sur la construction d'un ponton qui ne doit pas peser plus de 900 livres : vous en mettrez sur-le-champ 30 en construction, avec les poutrelles et tout ce qui est nécessaire pour établir le pont ;

« 2º L'esquisse d'un petit bateau portant une pièce de 12 et dont la simple carcasse ne doit pas peser plus de dix milliers ; vous en mettrez sur-le-champ deux en construction ;

« 3º Le mémoire et le projet d'une petite corvette portant une pièce de 24 et plusieurs pièces de 6, laquelle doit se diviser en 8 parties pour pouvoir être transportées à terre sur 8 diables. Vous en mettrez sur-le-champ une en construction.

« Vous ferez en sorte que les pontons et les bateaux soient en état de partir le plus tôt possible. Il les faudrait avoir pour les premiers jours de floréal. Quant à la petite corvette, mettez-la en construction; lorsqu'elle sera finie, nous nous en servirons. Je sens bien que cela ne peut pas être avant le milieu de prairial. Ce serait un grand bien s'il était possible que ce fût plus tôt.

« En vous envoyant ces plans, je n'ai pas entendu vous prescrire de n'y faire aucun changement dans les détails. Le véritable point de vue est de tout sacrifier à la légèreté, afin de les rendre transportables par terre. — BONAPARTE. »

était celle qui s'était illustrée dans les plaines de l'Italie avec ses chefs déjà célèbres : Berthier, Kléber, Desaix, Lannes, Murat, etc... Quant à la flotte qui devait conduire ces glorieuses légions au delà des mers, elle avait pour noyau une escadre que l'amiral Brueys avait ramenée depuis peu de l'Adriatique et que de nouvelles unités étaient venues renforcer. Elle comptait ainsi 13 vaisseaux, 6 frégates, 10 navires légers[1] placés sous le commandement du vice-amiral Brueys, avec les contre-amiraux Blanquet du Chayla, Villeneuve et Decrès, comme sous-ordres, et Ganteaume comme chef d'état-major. Bien que les 29 navires de l'escadre dussent prendre chacun des troupes à leur bord, il avait été nécessaire de noliser une immense armada de 140 bâtiments de commerce de toutes tailles pour emporter le matériel, les vivres, les munitions, les chevaux et l'artillerie dont avaient besoin les 18,000 ou 20,000 hommes du corps expéditionnaire.

---

1. Voici les noms des navires :
Vaisseaux : *Orient, Guerrier, Conquérant, Spartiate, Aquilon, Peuple-Souverain, Franklin, Tonnant, Heureux, Mercure, Guillaume-Tel, Généreux, Timoléon;*
Frégates : *Diane, Justice, Sérieuse, Artémise, Junon, Alceste.*

Le comte Brueys d'Aigalliers, entré dans la flotte royale en 1768 comme garde de la marine, à l'âge de 15 ans, avait fait, en qualité de lieutenant de vaisseau, toute la belle guerre de l'Indépendance américaine : il avait participé, dans l'armée du comte de Grasse, aux cinq combats livrés contre les amiraux Hood et Rodney. Il avait ensuite navigué pendant quatre ans dans les Antilles et pouvait ainsi, en 1792, au moment de sa nomination de capitaine de vaisseau, passer pour un marin capable, ayant de l'expérience et de l'autorité.

Destitué comme noble en 1793, il ne rentra dans la marine que sous le Directoire, quand le ministre Truguet eut le courage de replacer à la tête de nos flottes la plupart des chefs que le fanatisme révolutionnaire avait naguère fait chasser de leurs navires. Il fut ainsi nommé contre-amiral à la fin de 1796 et, presque aussitôt après, commandant de l'escadre de la Méditerranée, en remplacement du contre-amiral Martin. Il déploya dans ces fonctions beaucoup d'activité et d'intelligence, notamment au cours de la mission qu'il remplit dans l'Adriatique, pendant la campagne d'Italie. Chargé avec une escadre de six vaisseaux et quelques frégates de prendre possession des îles Ioniennes et des bâtiments vénitiens mouillés à Corfou, il réussit à souhait dans cette tâche. Bonaparte lui en manifesta à diverses reprises sa satisfaction et, pour mieux le remercier du concours qu'il lui avait prêté, il lui remit une fort belle lunette avec ces mots gravés : *Donnée par le général en chef de l'armée d'Italie au contre-amiral Brueys comme un gage de son estime*[1]. En même temps il adressa au Directoire, le 31 octobre 1797, une lettre pleine d'éloges en faveur de Brueys : « Il est difficile de voir une escadre plus belle que celle du contre-amiral Brueys. J'ai cru devoir donner une marque de satisfaction aux équipages pour leur bonne conduite et la dextérité qu'ils ont mises dans les différentes manœuvres, en leur accordant en gratification un habillement neuf. J'ai fait également solder tout ce qui était dû aux équipages. Le contre-amiral Brueys est un officier distingué par ses connaissances autant que par la fermeté de son caractère. Un

---

1. Voir une intéressante brochure : *Le vice-amiral comte de Brueys*, par le comte E. de Balincourt. Nîmes, F. Chastanier, 1894.

capitaine de son escadre ne se refuserait pas deux fois de suite à l'exécution de ses signaux. Il a l'art et le caractère pour se faire obéir. »

De tels éloges appelaient une récompense pour Brueys. Aussi le Directoire le nomma-t-il vice-amiral le 13 avril 1798, en le maintenant dans son commandement et en lui faisant savoir « qu'on attendait de lui de nouveaux services ».

Les contre-amiraux qui devaient seconder Brueys ne manquaient pas de mérite. Villeneuve, commandant la 1re division, sans avoir eu d'occasion particulière de se distinguer, était réputé bon marin. Blanquet du Chayla, commandant la 2e division, qui avait eu un rôle brillant dans la guerre de l'Indépendance américaine, avait fait, sous Truguet, l'expédition de Sardaigne de 1792; destitué comme noble en 1793, il avait repris du service en 1795. Decrès, commandant l'escadre légère, qui avait assisté à tous les combats livrés par le comte de Grasse aux Antilles, s'était, depuis, montré plein de bravoure dans une expédition aux Indes; on le disait énergique et résolu; lui aussi avait été destitué comme noble en 1793 et remis dans son grade en 1795. Quant à Ganteaume, chef d'état-major, ancien compagnon de d'Estaing en Amérique et de Suffren aux Indes, blessé trois fois sous Villaret-Joyeuse au combat du 13 prairial, l'un des meilleurs capitaines du contre-amiral Martin dans la Méditerranée, il venait tout récemment, en 1796, de faire entrer un convoi de vivres et de munitions à Brest, malgré les croisières anglaises, et sa réputation était aussi grande que légitimement acquise.

Si, par leurs services passés, les amiraux en sous-ordre donnaient quelque confiance à Brueys, tout autre était le sentiment de ce dernier à l'égard de la plupart des capitaines et des officiers qui montaient ses navires.

Déjà dans sa campagne de l'Adriatique, il avait éprouvé de ce côté maintes difficultés ; ses journées et une partie de ses nuits étaient prises par un travail incessant et il était à bout de forces, tant il devait se donner de peine pour assurer à ses bâtiments quelque cohésion et à ses équipages une instruction suffisante.

Les nouveaux bâtiments qui étaient venus s'adjoindre à ceux de son escadre de l'Adriatique ne devaient pas lui inspirer plus de confiance. La marine souffrait encore, en 1798, de l'influence néfaste qu'avaient eue, sous la Terreur, les clubs des ports, quand ils avaient imposé la nomination d'officiers choisis dans la marine marchande, tous ignorants et incapables, mais « d'un civisme éprouvé » et tout dévoués aux énergumènes des assemblées populaires. C'est ce que Brueys exprimait dans une note officielle en disant : « Tous nos capitaines ont été pris dans la classe des navigateurs et nous n'avons presque point de manœuvriers. La faute en est aux circonstances, mais il ne faut pas s'étonner de nos revers. »

Brueys témoignait-il ouvertement à ses officiers le peu de cas qu'il faisait de leurs talents ou les traitait-il avec une nuance de hauteur qui devait d'autant plus déplaire à des roturiers sans naissance qu'elle venait d'un « ancien » noble ? Il se peut. En tout cas, quelques-uns de ceux qui servaient sous ses ordres le jugeaient sévèrement et semblaient ne pas apprécier plus sa valeur de marin que ses qualités d'homme. « Si le général Brueys avait des talents politiques, dit Étienne, capitaine de l'*Heureux*, il n'avait pas ceux de commander une armée navale. » Un autre de ses officiers, Léonce Trullet, commandant le *Timoléon*, écrivait à son sujet : « Il se rapprochait si peu de ses capitaines, qu'on aurait cru que les vaisseaux étaient commandés par des nationaux différents. »

L'état d'esprit qui régnait dans les états-majors de l'escadre était donc fâcheux : le manque de confiance réciproque entre le chef et ses auxiliaires immédiats engendrait des germes de tiraillements, de dissensions et, pour tout dire, de désobéissance et d'indiscipline. Mais cette escadre, à laquelle un si grand dessein allait être confié, était menacée de recéler encore d'autres vices, qui en diminueraient singulièrement la valeur et la force militaire.

En effet, on ne réussissait toujours pas à trouver des matelots en nombre suffisant pour compléter l'effectif des navires. L'ordonnateur se lamentait sans cesse du « déficit en gens de mer » qu'il était obligé de constater, parlant avec tristesse des « fuyards et des déserteurs » qui échappaient à la levée dans les quartiers d'inscription maritime. D'autre part, l'activité déployée par les divers services du port avait permis de rassembler beaucoup d'approvisionnements, mais pas tout ce qui était nécessaire.

On manquait notamment de toile à voiles et on ne pouvait se procurer qu'une poudre défectueuse. Mais ce qui était le plus grave encore, c'était le délabrement et la vétusté d'une partie de la flotte. Trois vaisseaux, le *Conquérant,* le *Guerrier,* le *Peuple-Souverain,* étaient condamnés depuis deux ans. L'un d'eux était dégarni de pièces dans la batterie basse et n'avait que des canons de 18, au lieu de 36, dans les autres batteries. L'*Heureux* n'avait pas été caréné depuis 1788. D'autres vaisseaux n'étaient pas mieux partagés. Enfin, on avait entassé sur chaque navire tant de matériel de transport que l'encombrement y était extrême et que la facilité de manœuvres des voiles ou des canons en était gênée. « Nous reçumes, dit le capitaine Étienne, de l'artillerie, des plates-formes, des boulets, des caissons et des chariots. Le dehors du vaisseau était garni de roues, brancards, etc. L'embarras dans lequel me mettait cet attirail me fit solliciter mon débarquement, je préférai laisser mon commandement que me compromettre en cas de rencontre avec l'ennemi. »

Cependant on ignorait toujours quel était le

but de l'expédition projetée. Le Directoire, avec un soin jaloux et une rare habileté, s'efforçait de dissimuler ses véritables intentions. Comme il avait eu, de concert avec Bonaparte revenant de Campo-Formio et de Rastadt, l'idée d'une grande « descente » en Angleterre, comme il n'avait reculé devant cette entreprise que par suite de la faiblesse des moyens maritimes dont il disposait, il continua à laisser entendre que la « descente » se préparait[1]. Il désignait les troupes rassemblées dans le Midi sous le nom officiel d'aile gauche de l'armée d'Angleterre, mais, en même temps, pour mieux tromper l'opinion, il s'évertuait à répandre des bruits erronés. C'est ainsi, par exemple, que Bonaparte reçut un ordre, rendu public, de gagner Brest. C'est ainsi encore que les savants, Monge, Berthollet, Fourier et autres qui devaient participer à l'expédition, reçurent l'avis de se rendre, d'abord à Bordeaux, ensuite à Rome, puis enfin à Toulon[2]. En tout cas, le secret était bien gardé et, pas

---

1. Voir sur ce sujet l'intéressant et remarquable ouvrage publié récemment par M. le capitaine d'artillerie de la Jonquière : *Expédition d'Égypte*, 1798-1801, t. Ier. Librairie Charles-Lavauzelle.
2. *Journal et Souvenirs sur l'expédition d'Égypte*, par E. Villiers du Terrage. E. Plon, 1899.

plus dans l'escadre qu'ailleurs, personne ne se doutait que l'Égypte était la destination véritable du corps expéditionnaire.

Le conquérant de l'Italie arriva à Toulon le 20 floréal (9 mai 1798). On le reçut avec enthousiasme. Toutes les autorités se portèrent au-devant de lui. La population l'acclama. On lui prodigua, dans des discours, les épithètes d'ami, de vengeur, de héros de son pays. On le remercia des preuves de sollicitude qu'il avait prodiguées au port pendant la campagne d'Italie, quand il envoyait des fonds provenant des contributions de guerre. Des sérénades lui furent données, et Joséphine, qui l'accompagnait, fut l'objet de longues ovations. En recevant les capitaines de l'escadre, Bonaparte ne leur laissa rien percevoir de ses desseins futurs. Il les accueillit, dit le chef de division Étienne, « avec amitié, leur exprima les choses les plus flatteuses à leur égard », mais se contenta de les assurer « de la confiance qu'il avait en eux pour seconder l'opération que le gouvernement lui avait confiée ». Dans la proclamation qu'il adressa, le 25 floréal, aux troupes de terre et de mer, il ne fut pas plus explicite. Il leur annonçait qu'il allait entreprendre avec elles une grande expédition. Il leur parlait des guerres faites par les légions romaines à Carthage et à Zama, il leur disait que « le génie de la liberté devait rendre la République l'arbitre des mers et des nations les plus lointaines », mais il leur cachait soigneusement quel était le rivage lointain vers lequel elles allaient se diriger.

Désireux de partir au plus vite, Bonaparte fit pousser activement les derniers préparatifs. Le 29 floréal, comme tout était terminé, il fit, avec Brueys, une inspection de l'escadre. Il monta à bord de plusieurs navires, adressa une allocution aux hommes pour leur recommander de conserver une exacte discipline, et se retira, salué de cinq cris de : « Vive la République ! » Le soir, il fit signaler « qu'il n'y eût pas à bord d'autres femmes que celles désignées pour vivandières à la suite des demi-brigades », précaution que les mœurs d'alors ne rendaient pas inutile. Enfin le 30, à 9 heures du matin, le signal d'appareiller monta au grand mât du vaisseau amiral. Toute la journée fut employée à l'appareillage. L'*Orient,* sur lequel se trouvaient Brueys et Bonaparte, et qui, en raison de la force du vent de N.-O., ne pouvait mettre à la voile sans risquer de s'échouer sur le banc voisin de la Grosse-Tour, leva son ancre le dernier, à la tombée de la nuit, quand la bourrasque se fut un peu calmée.

Les mouvements nécessités par cet immense armement n'avaient pas tardé à être connus de l'Angleterre, qui résolut d'entraver nos projets à tout prix. « Elle voyait venir à elle, dit l'amiral Jurien de la Gravière, ce torrent qui avait déjà débordé au delà du Rhin et de l'Adige, et comprenait enfin que ce n'était point en ménageant ses vaisseaux qu'elle arrêterait un ennemi qui ménageait si peu ses armées. » Le jour même où Bonaparte arrivait à Toulon, Nelson avec 3 vaisseaux et 3 frégates avait quitté Gibraltar et s'était dirigé sur les côtes de Provence pour essayer de pénétrer le secret de notre expédition. Le 17 mai, il était en vue des hauteurs qui dominent Toulon, mais chassé de la côte par un coup de vent violent, ayant son navire désemparé, il dut aller prendre un abri en Sardaigne. Cette tempête qui le contraria servit les nôtres, puisque grâce à elle notre flotte, en vidant la rade de Toulon le 19 mai, trouva la mer libre et dégarnie de vaisseaux anglais.

Le 7 juin, après avoir rallié à Gênes une division de transports et cherché, vainement d'ailleurs, à se faire rejoindre par un convoi de Civita-Vecchia, l'armée française passait à portée de canon du port de Mazzara en Sicile; le 9, elle reconnaissait les îles de Gozzo et de Malte et trois jours après, le drapeau de la République avait remplacé sur celle-ci le drapeau des Chevaliers de Saint-Jean de Jérusalem. Dans cette rapide conquête, l'escadre de Brueys avait manœuvré à la satisfaction de Bonaparte, qui rendait d'elle le témoignage suivant au Directoire exécutif (25 prairial an VI, 13 juin 1798) : « ... Je suis extrêmement satisfait de la conduite de l'amiral Brueys, de l'harmonie et de l'ensemble qui règnent dans toute l'escadre. J'ai beaucoup à me louer du zèle et de l'activité du citoyen Ganteaume, chef de division de l'état-major de l'escadre. Le citoyen Motard, capitaine de frégate, a commandé les chaloupes de débarquement : c'est un jeune officier d'espérance. »

Pendant que Bonaparte, confiant dans sa fortune, marchait à la conquête de l'Égypte, Nelson avait réparé son navire ; mais incertain de la route qu'il devait suivre, arrêté par des calmes constants, il était encore le 5 juin à hauteur de la Corse. Il y fut rallié par la division du capitaine Troubridge, en sorte que son escadre se trouva forte de quatorze vaisseaux, dont treize de 74 et un de 50 canons. Se flattant d'atteindre son adversaire à la mer, il partagea aussitôt ses forces en trois colonnes d'attaque : les deux premières divisions devaient combattre les vaisseaux français ; quant à la troisième, elle avait reçu l'ordre de se jeter dans le convoi pour couler ou détruire les uns après les autres les bâtiments sans défense qui portaient les troupes du corps expéditionnaire.

C'était donc une lutte sans merci que voulait Nelson. Il entrait en cela dans les vues de l'Amirauté qui l'avait choisi pour cette mission, à cause de « son activité, de son caractère entreprenant et résolu »[1]. Dans ces conditions, l'escadre de Brueys courait au-devant de graves périls. Sans doute, au dernier moment, on avait

---

[1]. Lettre du comte Spencer, premier lord de l'Amirauté, au comte de Saint-Vincent.

redoublé de zèle pour l'armer le mieux possible ; on avait diminué l'encombrement des vaisseaux. Mais, en dépit des efforts de l'administration, tous les équipages étaient partis de Toulon incomplets. L'*Orient* avait 850 hommes au lieu de 1,130. L'effectif des vaisseaux de 80 canons était de 870 hommes : or, le *Guillaume-Tell* avait 800 hommes, le *Franklin* 650 et le *Tonnant* 730. Il revenait aux vaisseaux de 74 canons 706 hommes : le *Timoléon* en avait 500, le *Spartiate* 550, l'*Aquilon*, l'*Heureux*, le *Mercure* et le *Généreux* 600, le *Guerrier* 620 et le *Peuple-Souverain* 670. Le *Conquérant* en avait moins encore. Les frégates n'étaient pas dans une situation meilleure. Si ces équipages ainsi réduits eussent été composés en entier de matelots solides, tous gabiers accomplis ou canonniers habiles, il n'y aurait eu que demi-mal ; mais, malheureusement, pour donner à certains navires les deux tiers ou les trois quarts de leur effectif normal, on avait dû ramasser en hâte des enfants ou des marins inexpérimentés.

Brueys eut donc le droit de concevoir de pénibles appréhensions, quand il apprit les projets définitifs du Directoire et quand il envisagea la possibilité d'une rencontre avec la puissante escadre anglaise, commandée par des capitaines éprouvés. Depuis plusieurs années, les marins de cette escadre ennemie avaient croisé sur nos côtes, toujours tenus en haleine par des chefs hors ligne, tels que le rigide Jervis, le vainqueur de don Luis de Cordova. A cette rude école ils s'étaient admirablement formés et leur récent succès sur les Espagnols, au cap Saint-Vincent, ne pouvait que les enhardir encore. Nous savons par Bourrienne combien les alarmes de Brueys étaient grandes. « Pendant la traversée, dit le secrétaire de Bonaparte, je causais fréquemment avec l'amiral. Les renseignements qui nous parvenaient de temps en temps augmentaient ses inquiétudes. Il m'assura qu'il fallait bien du courage pour se charger de la conduite d'une flotte si mal équipée et il me déclara plusieurs fois que dans le cas d'une rencontre avec l'ennemi, il ne répondrait de rien. Les mouvements à bord seraient d'une exécution difficile ; l'encombrement des bâtiments et l'immense quantité d'effets que l'on emportait, et que chacun voudrait sauver, ralentiraient et gêneraient les manœuvres.

En cas d'attaque, même par une escadre inférieure, le trouble et le désordre amèneraient une catastrophe ; il ne pouvait garantir aucune chance heureuse ; il regardait une victoire comme une chose impossible et, même avec une victoire, il ne savait ce que deviendrait l'expédition. »

Bonaparte ne partageait point les craintes du chef de l'escadre. Toutefois il s'était préoccupé, dès le départ, du concours que les troupes embarquées pourraient prêter aux équipages et il avait réglé un tableau de service journalier pour exercer les passagers aux manœuvres du bord et au service des canons. Généraux, officiers et soldats avaient des postes de combat. S'étant rendu compte que l'encombrement des vaisseaux et des frégates serait, pendant l'action, une gêne considérable, Bonaparte avait décidé qu'en cas de rencontre, chaque bâtiment se choisirait un adversaire pour l'aborder et s'en rendre maître. Il avait conscience des défauts des navires de Brueys et il voulait y suppléer par un combat à l'abordage, sachant que dans ce genre de lutte, le succès dépendrait surtout de la bravoure de ses soldats.

Le sort devait nous épargner cette rencontre

à la mer. C'est en vain que Nelson traversa en tous sens la Méditerranée pour joindre les nôtres : l'énorme convoi de 200 voiles que conduisait Brueys échappa aux recherches des éclaireurs anglais. Il s'en fallut de peu cependant que les deux flottes ennemies ne prissent contact. On a raconté, en effet, que certain jour, dans les parages de la Crète, les marins de Nelson aperçurent quelques-unes de ces traces que laissent derrière eux les navires, sur les mers absolument calmes. Ils crurent qu'il n'y avait là que les indices de courants de surface et ils poursuivirent leur route sans s'en inquiéter. En réalité, c'était bien le sillage de la flotte française, dont les mâtures venaient à peine de s'effacer dans les brumes de l'horizon. Acharné à nous poursuivre, Nelson fut mal servi par le hasard qui joue un si grand rôle dans les choses de la guerre, mais jamais l'amiral anglais ne montra plus qu'au cours de cette croisière, l'ardeur dont il il était animé. Le secret de notre expédition avait été si bien tenu que les Anglais avaient songé à Naples, à la Sicile, au Portugal, à l'Irlande, mais point à l'Égypte. Quand Nelson quitta la Corse, il se présenta devant Naples. Là, il apprit que nous étions à Malte. Il s'y rendit. Nous venions d'en partir. Convaincu enfin que nous voguions vers l'Égypte, il se lança sans hésitation du côté d'Alexandrie. Le 28 juin, il était devant cette ville, où on n'avait pas encore vu un vaisseau français. Alors, dévoré d'impatience, il rebroussa chemin sans s'arrêter et, avec la même décision qu'il avait mise à se diriger vers l'Égypte, il fit voile vers la Sicile. Mais ce jour-là son ardeur le desservit. S'il eût attendu un seul jour devant Alexandrie, il voyait notre flotte venir à lui, et tomber elle-même sous la gueule de ses canons.....

En effet, le 12 messidor au soir (30 juin), quarante-trois jours après son départ de Toulon, l'escadre de Brueys était en vue d'Alexandrie.

Le 13, le consul de France, M. Magallon, vint à bord de l'*Orient*. Il raconta que les quatorze vaisseaux anglais étaient venus, le 10 du même mois, croiser devant le port, que l'amiral Nelson avait demandé à son consul des renseignements sur la flotte française et que n'en ayant pas reçu, il avait immédiatement repris le large. Mis ainsi au courant des mouvements de l'ennemi, Bonaparte ordonna aussitôt à l'escadre de prendre une position propre à soutenir un combat, au cas où les Anglais reviendraient soudainement, et, toujours dans la crainte de ce retour, il se décida à opérer sans délai le débarquement, bien qu'une mer très agitée se prêtât mal à l'accostage des canots à la plage. Brueys intervint alors, au nom de la prudence, indiquant le danger d'accomplir de nuit et par mauvais temps une aussi grosse opération. Il se heurta à une volonté inébranlable. « Nous n'avons pas de temps à perdre, lui fut-il répondu. La Fortune n'a pas trois jours à nous donner ! »

A 11 heures du soir, Bonaparte quitta l'*Orient* sur une demi-galère. Derrière lui, dans d'autres embarcations, étaient les généraux Bon et Kléber. Déjà Desaix, Reynier et Menou s'étaient dirigés avec leurs troupes vers le point de la côte choisi pour prendre terre, c'est-à-dire vers l'anse du Marabout, près de la Tour des Arabes, à l'ouest du port vieux d'Alexandrie. Le débarquement, gêné par l'état de la mer, fut long et pénible. Heureusement la côte resta déserte, aucun ennemi ne se montra. Enfin, à 1 heure du matin, Bonaparte débarquait à son tour, et, formant aussitôt son armée en colonnes, il marchait sur Alexandrie qu'il emportait d'assaut le lendemain. Ainsi tout avait souri aux projets du jeune général en chef. Déjouant, avec un rare bonheur, la surveillance et la poursuite de l'escadre anglaise, il avait traversé sans encombre la Méditerranée et il avait pris pied, sans être inquiété, sur la vieille terre des Pharaons dont la vision avait hanté ses rêves. Le destin s'était plu à le combler de ses faveurs. Il était en droit d'avoir foi en son étoile.

Les troupes ayant quitté les navires qui les avaient amenées de France, le sort de l'escadre devenait distinct de celui de l'armée. Dès lors la responsabilité de Brueys était plus complète. Que devait-il faire de sa flotte? Devait-il la laisser séjourner sur la côte égyptienne? Devait-il, au contraire, la conduire au loin, à Malte ou à Corfou? Et d'abord était-il libre de prendre seul cette détermination, si importante pour l'armée expéditionnaire? N'avait-il pas reçu, à ce sujet, des instructions du général en chef?

Avant tout, il importait de faire quitter à l'escadre le mouillage où elle s'était arrêtée pour le débarquement : le fond parsemé de roches était d'une mauvaise tenue pour les ancres[1]; de plus, l'éloignement de la plage aurait rendu très lente la mise à terre de l'artillerie que l'escadre devait donner à l'armée. Malheureusement dès ce premier jour, Brueys se montra hésitant et fut en proie à de malencontreuses indécisions. Il voulut avoir l'avis des officiers généraux et supérieurs de son escadre et il les convoqua en conseil de guerre à bord de l'*Orient*. Or, c'est une règle que l'on peut poser comme absolue : quand un chef militaire réunit ses subordonnés en conseil de guerre, tout n'est peut-être pas encore perdu, mais tout est déjà compromis.

La séance tenue à bord de l'*Orient* fut des plus orageuses. Le contre-amiral du Chayla, interrogé sur la position à prendre en cas d'attaque, déclara qu'il ne faudrait pas hésiter à mettre à la voile, parce qu'au mouillage on courait le risque d'être écrasé et que, de plus, on pouvait être jeté à la côte par un coup de vent. Villeneuve s'éleva contre cette opinion que Ganteaume combattit à son tour. Les capitaines de vaisseau, sauf Dupetit-Thouars, étaient indécis.

---

1. Lettre de Brueys à Bonaparte, du 2 juillet.

Quant à Brueys, il penchait pour le combat à l'ancre, « une attaque au mouillage exigeant moins de monde qu'à la voile[1] », mais frappé de la force des arguments de du Chayla, il leva la séance en disant qu'il aviserait, le moment venu. Le lendemain, il crut devoir réunir de nouveau le conseil pour lui déclarer que si l'ennemi paraissait, il mettrait à la voile et irait à sa rencontre. Mais ce n'était pas là encore son plan définitif; il ne s'en tint pas à cette déclaration ferme et précise, car, dans des instructions ultérieures, il détailla toutes les dispositions à prendre soit dans le cas d'un appareillage, soit dans le cas d'un combat à l'ancre.

On a souvent reproché à Brueys ses préférences pour le combat à l'ancre, et dernièrement, dans une étude psychologique sur Bonaparte en Égypte, on ne craignait pas de qualifier de honteuse sa proposition d'attendre l'ennemi au mouillage[2]. Parole bien injuste ! Brueys n'était-il pas excusable de supposer que des équipages si mal exercés et si réduits que les siens

---

1. Lettre de Brueys à Bonaparte, du 2 juillet.
2. *Bonaparte en Égypte, étude de psychologie militaire*, par Art Roë (*Revue bleue*, 25 avril 1896).

ne pourraient pas manœuvrer convenablement ses vaisseaux sous le feu des Anglais? N'avait-il pas quelque raison de penser que c'était trop exiger d'un tel personnel que de lui demander, pendant l'action, d'être à la fois attentif aux évolutions et occupé à diriger son tir? Sur ce point ses appréhensions étaient fondées. Et, ici, il convient de le remarquer, si le solide entraînement des équipages anglais contrastait avec le relâchement de la discipline française, de même la confiance de Nelson contrastait avec le découragement de Brueys. A l'un de ses capitaines qui lui demandait ce que dirait l'Europe si l'on réussissait à battre l'escadre française, Nelson répondit brusquement : « Il n'y a pas de *si*, monsieur, nous réussirons, cela est certain. » Et quelques jours plus tard, ayant plus que jamais la volonté de vaincre, il lança le cri fameux : « Bientôt j'aurai un siège à la Chambre des lords ou un tombeau à Westminster! » Certes, l'audace, l'énergie, la décision étaient familières à l'amiral anglais. Mais ces qualités, ces vertus plutôt, qu'il possédait à un si haut degré étaient alors exaspérées, pour ainsi dire, par l'aiguillon de l'amour-propre. Il n'ignorait pas qu'en Angleterre on critiquait malicieusement ses courses infructueuses à la recherche de Brueys; on rapprochait son insuccès devant Ténériffe de sa présente croisière, on blâmait l'Amirauté d'avoir choisi pour cette mission un officier aussi jeune que lui (il était âgé seulement de 40 ans) et il avait à cœur de confondre ses détracteurs par une victoire retentissante. La plus noble ardeur bouillonnait en lui...

Revenons au récit des événements. Brueys, on l'a vu, devait s'empresser de faire quitter à son escadre son premier mouillage, mais où devait-il la conduire?

Le vieux port d'Alexandrie, situé à l'ouest de la ville, était formé par une presqu'île s'élançant du continent à angle droit et découpant dans la mer un havre carré, ayant 2,000 mètres sur chaque côté. Ce port était assez vaste pour recevoir à la fois l'escadre et le convoi. Il avait la profondeur convenable et un fond excellent. Il offrait des facilités réelles pour le ravitaillement et pour le mouvement des canots entre les navires et la plage. On devait donc tout naturellement songer à le choisir comme point de mouillage, d'autant mieux que la presqu'île qui l'abritait du large se prêtait à recevoir des ouvrages défensifs. Malheureusement il était précédé d'une ceinture de hauts-fonds et de récifs, entre lesquels on n'avait trouvé aucune passe accessible aux vaisseaux de premier et de second rang. Seuls, les navires du convoi, quelques frégates et deux petits vaisseaux, capturés à Venise et armés en flûte, avaient pu y pénétrer. Il est vrai qu'on procédait à des sondages, car, d'après les dires des marins indigènes, on supposait qu'il devait exister une passe plus profonde, mais on ne l'avait pas encore découverte.

Ne pouvant entrer dans le vieux port, Brueys songea à se rendre à Aboukir. La baie d'Aboukir — ou des Béquiers, comme on disait alors, francisant maladroitement le mot arabe — n'est qu'une légère sinuosité semi-circulaire, qui commence à cinq lieues environ à l'est d'Alexandrie et s'étend jusqu'à la bouche la plus occidentale du Nil, où est assise la ville de Rosette. Elle ne procure un peu d'abri aux navires que du côté de l'ouest, grâce à une petite pointe qui s'avance de quelques centaines de mètres dans la mer et qui se prolonge, par une chaîne de bancs de sable et de rochers, jusqu'à un petit îlot bas et sablonneux. C'est, à proprement parler, une rade foraine, ouverte à tout venant. Les gros navires n'y trouvent qu'un abri illusoire, puisque le manque de profondeur des eaux les oblige à mouiller assez loin du rivage. Néanmoins, Brueys pensait qu'une ligne de navires au mouillage pourrait s'appuyer sur le petit fort arabe qui couronnait la pointe et qui était susceptible de recevoir des canons plus puissants que ceux qui le garnissaient, tandis qu'il serait facile d'édifier sur l'îlot une batterie de quelques pièces. Cette perspective d'une défense à terre toucha Brueys, qui écrivait à Bonaparte : « Si nous sommes assez heureux, pour trouver à terre une position qui puisse protéger les deux têtes de ma ligne, je me regarde comme inexpugnable, du moins pendant tout l'été et tout l'automne. » En outre, la proximité de Rosette offrait à Brueys le moyen de recevoir les approvisionnements dont l'escadre aurait besoin et de renouveler l'eau qui se consommait à bord : « A Aboukir, écrivait encore l'amiral, je serai d'autant plus satisfait que je pourrai appareiller quand bon me semblera pour combattre l'ennemi et me porter partout où je pourrai vous être utile ; au lieu que, quand même on trouverait le moyen de faire entrer l'escadre dans le port d'Alexandrie, je serais bloqué par un seul vaisseau ennemi, et je deviendrais spectateur oisif de votre gloire, sans pouvoir y prendre la moindre part. » Ces considérations déterminèrent Brueys qui, le 7 juillet dans la matinée, quitta Alexandrie pour aller jeter l'ancre à Aboukir.

Il y avait un troisième parti à prendre : c'était d'appareiller pour Corfou ou pour Malte. Autour de Brueys, dans son escadre, quelques officiers se montraient partisans de cette retraite. Le 9 juillet, l'ordonnateur Jaubert écrivait à Bruix, ministre de la marine : « L'opinion générale était (mais aussi pouvait-il y entrer quelque sentiment personnel) qu'aussitôt le débarquement opéré, nous aurions dû partir pour Corfou, où nous aurions été ralliés par nos vaisseaux de Malte, de Toulon et d'Ancône, pour être prêts à tout[1]. » Mais Brueys ne partageait pas cette manière de voir, et l'on en a vu la raison plus haut. Il savait qu'au cours de ce long voyage, il risquait de rencontrer les forces anglaises. Et, tou-

---

[1]. *Correspondance de l'armée française en Égypte, interceptée par l'escadre de Nelson.* Paris, l'an VII, p. 45.

jours peu confiant dans la valeur de sa flotte, il craignait de se mesurer en pleine mer avec l'escadre aguerrie de Nelson. Dans son savant ouvrage sur la *Marine pendant la première République,* M. le capitaine de vaisseau Chevalier estime que le devoir de Brueys était de conduire son escadre à Malte ou à Corfou, parce que son rôle était de ravitailler l'armée, de la mettre en communication avec la métropole, d'appuyer les opérations militaires sur la côte de Syrie et de peser, par sa présence, sur les déterminations de la Porte. Je ne crois pas, pour ma part, que l'escadre eût pu jouer un tel rôle si elle était allée se réfugier à Corfou ou à Malte, c'est-à-dire fort loin de l'Égypte, et je comprends que Brueys ait été tourmenté du désir de ne pas s'éloigner du théâtre de la guerre. C'était être avisé que de vouloir demeurer à la disposition de l'armée qui pouvait avoir besoin de l'escadre dans maintes circonstances, en particulier dans le cas d'une défaite qui l'aurait rejetée vers la mer.

Le maintien de la flotte sur la côte d'Égypte se justifiait donc par des motifs valables. Mais, cela admis, on ne peut concevoir comment Brueys ait persisté à demeurer à Aboukir, après avoir appris par des sondages minutieux que la passe du vieux port était accessible à ses plus gros vaisseaux. Lorsqu'il reçut le rapport du capitaine de frégate Barré, de l'*Alceste,* qui avait fait les sondages et qui déclarait que l'escadre pouvait entrer dans le port, en suivant des balises et des signaux placés avec soin, l'amiral ne se déclara pas satisfait. Il prescrivit de nouvelles recherches, manifestant l'espoir qu'on trouverait une seconde passe plus profonde que la première. Il donnait ainsi clairement à entendre qu'il ne voulait pas entrer à Alexandrie. Et pourquoi marquait-il tant de répugnance à prendre ce mouillage ? Toujours parce qu'il redoutait de se trouver bloqué dans le port : « Nos vaisseaux, écrivait-il, pourront entrer avec un vent favorable et une belle mer ; mais il y aura toujours la sortie qui sera pénible et dangereuse... Dès lors une escadre y sera mal placée. » Que ne comprit-il qu'après avoir enlevé les balises qui lui auraient servi pour entrer, il serait dans le vieux port à l'abri d'une irruption soudaine ; qu'étant ainsi en sécurité relative, il pourrait compléter les équipages des vaisseaux avec ceux des frégates, les exercer sans cesse, les rompre aux mouvements de voiles et aux manœuvres du canon! Mais non. La crainte de se voir bloqué dans un port l'emporta sur toute autre considération et lui fit donner la préférence à un mouillage dans une rade ouverte, qui ne lui fournissait même pas l'appoint d'une défense terrestre, puisqu'on reconnut que les batteries de la pointe et de l'îlot seraient trop éloignées de la ligne d'embossage de l'escadre pour prêter un concours utile.

Ce qu'il y a de plus étrange dans cette décision, c'est que Brueys, après quelque temps de séjour dans la baie d'Aboukir, reconnaissait lui-même les graves défauts du mouillage qu'il avait choisi. « Cette rade, disait-il dans une lettre à Bonaparte, est trop ouverte pour qu'une escadre puisse y prendre une position militaire contre l'attaque d'un ennemi supérieur. » Et cependant, par une contradiction déconcertante, il annonçait, dans la même lettre, qu'il était « prêt à recevoir les Anglais » et qu'il s'occupait de « faire prendre à l'escadre une position formidable, dans le cas où il serait forcé de combattre à l'ancre ». On se demande en vain comment il pouvait concilier, dans son esprit, des affirmations aussi contradictoires. Cela tendrait à prouver que l'irrésolution, manifestée par lui dès le lendemain du débarquement des troupes, persistait toujours. Or, l'irrésolution d'un chef est un des pires dangers qui puissent menacer une armée ou une flotte.

Mais quel était le sentiment de Bonaparte sur la situation de l'escadre ? La plupart des historiens qui ont raconté la campagne d'Égypte ont exposé que Bonaparte avait recommandé à Brueys de mettre sa flotte à l'abri soit à Alexandrie, soit à Corfou et surtout de ne pas rester dans la rade d'Aboukir. On en a conclu que si Brueys avait suivi les instructions du général en chef, le combat d'Aboukir n'aurait pas eu lieu et un désastre eût été évité.

C'est une dépêche de Bonaparte au Directoire, datée du 2 fructidor (19 août), qui a servi de base à cette appréciation : « Le 18 messidor (6 juillet), dit Bonaparte, je suis parti d'Aboukir. J'écrivis à l'amiral d'entrer, sous les vingt-quatre heures, dans le port d'Alexandrie et, si son escadre ne pouvait pas y entrer, de décharger promptement toute l'artillerie et tous les effets appartenant à l'armée de terre et de se rendre à

Corfou. L'amiral ne crut pas pouvoir achever le débarquement dans la position où il était et il alla mouiller à Aboukir qui offrait un bon mouillage. J'envoyai des officiers du génie et d'artillerie qui convinrent avec l'amiral que la terre ne pouvait lui donner aucune protection et que si les Anglais paraissaient pendant les deux ou trois jours qu'il fallait qu'il restât à Aboukir, soit pour décharger notre artillerie, soit pour sonder et marquer la passe d'Alexandrie, il n'y avait pas d'autre parti à prendre que de couper ses câbles et qu'il était urgent de séjourner le moins possible à Aboukir. Je suis parti d'Alexandrie dans la ferme croyance que, sous trois jours, l'escadre serait entrée dans le port d'Alexandrie ou aurait appareillé pour Corfou. »

A lire cette dépêche, rédigée après le fatal combat du 1er août, on est tenté de croire que les instructions données par Bonaparte à Brueys étaient d'une rigueur et d'une précision tellement absolues, que le maintien de l'escadre à Aboukir constituait une dérogation formelle aux ordres du général en chef. Il n'en est pas tout à fait ainsi et ce point d'histoire mérite d'être élucidé.

Le 15 messidor (3 juillet) paraissait l'ordre suivant, daté du quartier général, à Alexandrie, et adressé à l'escadre :

« Dans la circonstance où se trouve l'armée, il est indispensable de prendre des dispositions telles, que l'escadre puisse manœuvrer selon les événements qui peuvent survenir et se trouver à l'abri des forces supérieures que les Anglais pourraient avoir dans ces mers. Le général en chef ordonne, en conséquence, les dispositions suivantes :

« 1. — L'amiral Brueys fera entrer dans la journée de demain son escadre dans le port d'Alexandrie, si le temps le permet et s'il y a le fond nécessaire.

« 2. — S'il n'y avait pas dans ce port le fond nécessaire pour mouiller, il prendra des mesures telles, que dans la journée de demain il ait débarqué l'artillerie et les autres effets des troupes de terre.

« 3. — Il enverra à terre le citoyen Ganteaume, chef de l'état-major de l'escadre, pour présider et surveiller lui-même l'opération de la sonde du port.....

« 7. — L'amiral fera, dans la journée de demain, connaître au général en chef, par un rapport, si l'escadre peut entrer dans le port d'Alexandrie, ou si elle peut se défendre embossée dans la rade d'Aboukir contre une escadre ennemie supérieure ; et dans le cas où ni l'un ni l'autre ne pourraient s'exécuter, il devra partir pour Corfou, l'artillerie débarquée.

« 8. — Si l'ennemi paraissait avec des forces très supérieures, dans le cas où l'amiral ne pût entrer à Alexandrie, ni à Aboukir, la flotte se retirerait à Corfou, où l'amiral prendrait toutes les mesures nécessaires pour exécuter l'article 7. »

Que disent ces articles ? Ils disent : 1° que Brueys doit chercher avant tout à faire entrer son escadre dans le port d'Alexandrie ; 2° que, s'il lui est impossible d'entrer dans ce port, il verra s'il peut prendre une bonne position défensive à Aboukir ; 3° que, dans le cas où ces deux mouillages ne lui conviendraient pas, il aurait à faire route sur Corfou.

C'est bien là l'esprit des instructions du 3 juillet, et tout lecteur impartial s'empressera de reconnaître que, d'une part, Bonaparte avait laissé à l'appréciation de Brueys le choix entre Alexandrie et Aboukir, et que, d'autre part, la retraite sur Corfou était subordonnée à l'impossibilité de s'établir dans l'un ou l'autre de ces mouillages. Toutefois, il était évident que Bonaparte avait une préférence pour le mouillage d'Alexandrie. Il l'avait dit ou fait dire dans une lettre accompagnant l'ordre adressé à l'escadre[1]. Il l'avait répété trois jours plus tard, le 6 juillet, dans une dépêche au Directoire[2]. De plus, il avait fait offrir un présent de 10,000 fr. au pilote du pays qui trouverait une passe navigable. Enfin, dans sa dépêche du 19 août au Directoire, il s'exprimait ainsi : « Depuis le 18 messidor (6 juillet) jusqu'au 6 thermidor (24 juillet), je n'ai reçu aucune nouvelle ni de Rosette, ni d'Alexandrie, ni de l'escadre. Une nuée d'Arabes accourus de tous les points du désert étaient constamment

---

1. Voici cette dépêche : « Le général en chef est persuadé que vous avez déjà fait sonder. Il désire que l'escadre entre dans le port, et, en attendant, il pense que vous devriez mettre sous voile et croiser pour vous approcher du port d'où vous êtes mouillé beaucoup trop loin pour notre communication. »

2. Voici cette lettre : « Le port vieux d'Alexandrie peut contenir une escadre, mais il y a un point de la passe où il n'y a que cinq brasses d'eau. Cette circonstance contrarie singulièrement mes projets... »

à 500 toises du camp. Le 9 thermidor (27 juillet), le bruit de nos victoires et différentes dispositions rouvrirent nos communications. Je reçus plusieurs lettres de l'amiral où je vis avec étonnement qu'il se trouvait encore à Aboukir. Je lui écrivis sur-le-champ pour lui faire sentir qu'il ne devait pas perdre une heure à entrer à Alexandrie ou à se rendre à Corfou. » Ici encore, en s'adressant au Directoire, Bonaparte était beaucoup plus catégorique qu'il ne le fut dans la lettre envoyée à Brueys, car cette lettre disait simplement à la date du 27 juillet : « Je suis instruit d'Alexandrie qu'enfin vous avez trouvé une passe telle qu'on pouvait la désirer et qu'à l'heure actuelle vous êtes dans le port avec votre escadre. J'imagine que demain ou après, je recevrai de vos nouvelles. » Rapprochée des lettres précédentes, cette missive marque bien le désir de Bonaparte de ne pas voir l'escadre séjourner à Aboukir : elle ne constitue pas toutefois l'ordre formel, absolu, de quitter ce mouillage. Il n'est donc pas exact de prétendre, comme on l'a fait, qu'en demeurant à Aboukir, Brueys avait contrevenu aux instructions du général en chef. Un jour, il est vrai, le 12 thermidor (30 juillet),

Bonaparte lui donna l'ordre impératif de s'éloigner : « Les nouvelles, lui écrivait-il, que je reçois d'Alexandrie sur le succès des sondes me font espérer qu'à l'heure qu'il est, vous serez entré dans le port... Il faut bien vite entrer dans le port d'Alexandrie, on vous approvisionnera de riz, de blé, et vous vous transporterez dans le port de Corfou..... » Malheureusement, cette lettre ne parvint pas à sa destination, l'aide de camp qui la portait, le capitaine Jullien, ayant été massacré en route avec son escorte au village d'Alkam, sur le Nil. Et, d'ailleurs, il convient de remarquer que cette lettre, expédiée du Caire le 12 thermidor (30 juillet), n'aurait jamais pu arriver avant le combat, qui eut lieu le 14.

Il n'est pas douteux que si l'amiral avait reçu de Bonaparte un ordre formel, réglant sa conduite, il s'y serait conformé scrupuleusement et cela pour deux raisons : la première c'est qu'il eût été ainsi tiré des fâcheuses hésitations qu'il ne parvenait pas à vaincre ; la seconde, c'est qu'il professait pour l'autorité de Bonaparte une complète soumission faite d'estime et d'affection, autant que de déférence hiérarchique : « Mon chagrin, lui écrivait-il le 14 messidor (2 juillet),

serait au comble si je devais me séparer de vous,
n'ayant d'autre désir que de suivre votre sort en
quelque qualité que ce soit. Je vous prie d'être
assuré que je serai toujours bien placé, pourvu
que je sois placé auprès de vous, personne, j'ose
vous l'assurer, ne vous étant plus sincèrement
attaché. Ce sentiment est dû à l'homme qui a
rendu de signalés services à la France et vous y
avez ajouté, par vos bontés, celui de la reconnaissance. » De son côté, Bonaparte considérait
toujours l'escadre comme à sa disposition. Il
n'avait pas donné à son chef pleine et entière
liberté de manœuvre, puisqu'il lui écrivait, le
27 juillet : « Dès que j'aurai reçu une lettre de
vous qui me fasse connaître ce que vous avez
fait et la position où vous êtes, je vous ferai
passer des ordres sur ce que nous aurons encore
à faire. » Ces ordres, qui auraient dirigé ses
mouvements, Brueys les attendit toujours, ainsi
qu'en témoignent, d'une part, plusieurs de ses
lettres à Bonaparte, et, d'autre part, ce passage
d'une lettre de Ganteaume : « Peut-être était-il
convenable de quitter une telle côte aussitôt que
la descente avait eu lieu ; mais attendant les
ordres du général en chef, la présence de notre

escadre devant donner une force incalculable à l'armée de terre, l'amiral crut ne pas devoir abandonner ces lieux et prendre une position stable au mouillage d'Aboukir. »

Mais puisque ces ordres ne venaient pas, puisque Brueys, reprenant le 26 juillet les termes presque identiques d'une lettre précédente, écrivait de nouveau que la rade d'Aboukir n'était pas « susceptible de protéger les vaisseaux contre un ennemi supérieur », son devoir évident, impérieux, était de quitter au plus vite ce mouillage dangereux et d'aller se réfugier à Alexandrie. L'idée ne lui en vint pas. Il se confina dans le rôle d'un subalterne effacé ; il ne prit ni l'attitude ni l'initiative que doit avoir un chef d'escadre responsable, avant tout, de la force navale qu'il a l'honneur de commander. Et attendant toujours des instructions formelles du général en chef, à qui peut-être il avait communiqué son incertitude, il demeura à Aboukir.

Le 14 thermidor (1ᵉʳ août) vers 1 heure et demie de l'après-midi, les vigies du vaisseau *l'Heureux* signalèrent 10 voiles en vue. Un peu plus tard, 5 autres voiles apparurent. Du haut des dunettes, nos marins anxieux ne tardèrent pas à reconnaître 14 vaisseaux de ligne et 1 brick. C'était l'escadre anglaise qui arrivait de l'ouest, en longeant la côte. Une jolie brise soufflant de l'arrière gonflait ses voiles blanches, éclairées par un radieux soleil.

Nos treize vaisseaux étaient mouillés à 4,500 mètres de la plage. Placés à 80 toises (150 mètres) les uns des autres, ils formaient une ligne presque droite qui s'étendait du nord-ouest au sud-est. Le vaisseau de tête, le *Guerrier*, était à plus de 2,000 mètres de l'îlot d'Aboukir. Derrière lui venaient successivement le *Conquérant*, le *Spartiate*, l'*Aquilon*, le *Peuple-Souverain*, le *Franklin*, l'*Orient*, le *Tonnant*, l'*Heureux*, le *Mercure*, le *Guillaume-Tell*, le *Généreux* et enfin le *Timoléon*, qui terminait l'arrière-garde. En dedans de notre ligne de bataille, c'est-à-dire entre les vaisseaux et le rivage, étaient mouillées les quatre frégates *Sérieuse*, *Arthémise*, *Diane* et *Justice*.

A 2 heures, Brueys fait successivement les signaux de « branle-bas de combat » et de « gréer les perroquets », tandis que chaque vaisseau hisse les pavillons spéciaux destinés à rappeler à bord les embarcations qui sont à terre, occupées à faire de l'eau douce. Les officiers généraux se rendent spontanément à bord de l'*Orient*[1] pour prendre les dernières instructions de l'amiral, et la discussion recommence, du Chayla demandant toujours à appareiller, Villeneuve et Ganteaume insistant pour combattre à l'ancre. Cette fois encore Brueys se range à ce dernier avis qui entre dans ses vues personnelles. En conséquence, à 4 heures, il signale à l'armée qu'elle combattra au mouillage, puis il ordonne à tous ses navires de se réunir les uns aux autres par de gros câbles ou grelins, dans le but d'empêcher l'ennemi de couper la ligne.

Cependant, l'escadre anglaise, poussée par la brise qui la prend en poupe, s'avance rapidement. Bien que l'on soit au déclin du jour, Nelson se décide à attaquer immédiatement ; ce « Bonaparte de mer », comme on l'a appelé, n'est pas homme à remettre la victoire au lendemain. A 5 heures trois quarts, l'*Orient* arbore le signal de tirer sur l'ennemi dès qu'il sera à portée et,

---

1. Détail curieux : il y avait ce jour-là grand dîner à bord de l'*Orient*. Les officiers généraux et quelques capitaines étaient invités.

quelques minutes plus tard, le combat s'engage. Nelson, inaugurant sa tactique nouvelle, qui consiste à épuiser les ailes l'une après l'autre, compte faire mouiller tous ses vaisseaux au large et non loin de l'avant-garde de Brueys, sans s'occuper de l'arrière-garde. Mais le capitaine Foley, commandant le *Goliath,* prenant sur lui la responsabilité d'un mouvement hardi et décisif, ravissant en quelque sorte cet honneur à son chef, passe entre l'îlot et la tête de notre ligne pour doubler celle-ci. Quatre vaisseaux anglais, le *Zealous,* l'*Orion,* le *Theseus* et l'*Audacious,* imitent sa manœuvre. Ils contournent comme lui notre vaisseau de tête et viennent mouiller en dedans de notre avant-garde qui se trouve ainsi prise entre deux feux, puisque trois autres anglais, dont le *Wanguard* que monte Nelson, mouillés du côté du large et à courte distance, la canonnent vivement. Quant à notre arrière-garde que commande le contre-amiral Villeneuve, elle n'a aucun adversaire devant elle et ses canons, sauf quelques rares pièces tirant en chasse, restent silencieux.

Si cette arrière-garde de notre armée avait alors appareillé pour se rabattre extérieurement sur l'armée ennemie et l'envelopper à son tour, la face du combat eût été changée. L'amiral Brueys fit-il à cette aile gauche, comme on l'a dit, le signal d'appareiller ? On peut en douter. Les rapports des capitaines n'en font pas mention. En tout cas, si le signal fut fait, Villeneuve ne le vit pas et demeura immobile.

L'habileté des canonniers anglais se révèle dès le début de l'action : sous leurs coups répétés nos murailles défoncées laissent librement entrer la mitraille, nos mâts abattus et renversés sur les ponts empêchent le service des batteries des gaillards, enfin nos marins massacrés par un feu meurtrier ne peuvent plus armer que la moitié des pièces. « Notre poudre, dit dans son rapport, Le Joille, commandant le *Généreux*, très inférieure à celle des Anglais, laisse nos boulets aux deux tiers de la distance, tandis que les leurs nous dépassent de plusieurs encablures. » De notre côté les pertes sont énormes.

A 7 heures, Brueys est blessé à la tête et à la main. Il se contente d'essuyer avec un mouchoir le sang qui coule de ses blessures. A 7 heures et demie, ne quittant l'avant de son vaisseau où il est allé observer la position de l'ennemi, il a la cuisse gauche emportée. Comme on l'entoure pour le conduire au poste des blessés, il dit énergiquement : « Laissez-moi, je veux mourir sur le pont ! » Mais la légende a transformé ce mot si grand dans sa simplicité en cette phrase plus lapidaire : un amiral français doit mourir sur son banc de quart ! Quoi qu'il en soit, son vœu est exaucé. Quelques minutes plus tard, en effet, il expire face à l'ennemi « avec la même tranquillité d'âme qu'il avait conservée en combattant[1] ».

Déjà il est visible que la tactique imaginée par Nelson, que sa conception d'attaquer une de nos ailes à l'exclusion de l'autre a porté ses fruits. Notre avant-garde faiblit. Le *Peuple-Souverain* a coupé ses câbles et laisse sur l'avant du *Franklin* un funeste intervalle que vient occuper le *Leander*. Ce mouvement met en mauvaise posture notre centre où l'*Orient*, soutenu d'une part par le *Franklin*, de l'autre par le *Tonnant*, fait une magnifique résistance.

A 10 heures du soir, l'avant-garde française, écrasée sous un feu qui ne diminue pas d'inten-

---

1. Rapport de M. de Lachadenède, enseigne à bord de l'*Orient*.

sité, est réduite. En ce moment, le vaisseau *l'Orient,* que l'incendie dévore depuis quelque temps, saute en l'air, ébranlant les navires voisins, les couvrant de débris enflammés et entraînant dans son désastre l'infortuné Brueys et son équipage presque entier. A la suite de cette catastrophe, le désordre se met parmi les nôtres. Déjà trois vaisseaux cruellement maltraités se sont rendus, la *Sérieuse* a été coulée à coups de canon, et les vaisseaux de l'arrière-garde coupant leurs câbles s'éloignent du combat pour éviter d'être incendiés par le feu des navires embrasés : entre 11 heures et minuit, trois autres baissent pavillon. Il ne nous reste donc plus que six vaisseaux pour continuer la lutte ! Mais l'obscurité de la nuit et la fatigue des équipages ont sinon interrompu, du moins beaucoup ralenti la canonnade.

Attaqués le 2 août de grand matin par plusieurs anglais, l'*Heureux* et le *Mercure,* échoués à la côte, sont contraints de se rendre, tandis que l'*Artémise* saute à son tour. C'est alors seulement que Villeneuve, voulant épargner aux survivants une lutte désormais inutile, retrouve quelque initiative et exécute la manœuvre qu'on attendait depuis la veille. Vers 11 heures, le *Guillaume-Tell* et le *Généreux* suivis de la *Justice* et de la *Diane* (que monte Decrès) mettent à la voile et s'éloignent au large, sans opposition pour ainsi dire, de la part des Anglais. Le *Timoléon*, ayant perdu son mât de misaine, ne peut suivre sa division, il se jette à la côte où il est brûlé un peu plus tard par son propre équipage, qui ne veut pas le voir tomber aux mains de l'ennemi ; quant au *Tonnant*, il est oublié pendant vingt-quatre heures ; il ne se rend que le 3 août.

Tel fut ce combat. Sur 7,850 matelots qui montaient notre escadre (au lieu de 11,000, son effectif réglementaire), on comptait 1,451 tués et 1,479 blessés ; sur quatre frégates, deux avaient pu gagner le large, une avait sauté, une avait coulé ; sur les treize vaisseaux, deux avaient fait route pour Malte, avec Villeneuve et Decrès, un avait sauté, un avait été brûlé, neuf par conséquent étaient au pouvoir de Nelson[1]. Il est vrai

---

1. Voici l'état de nos pertes : *Guerrier, Heureux, Mercure,* brûlés par les Anglais ; *Timoléon* et *Artémise*, brûlés par leur équipage ; *Orient* et *Sérieuse*, détruits par explosion ; *Conquérant, Franklin, Tonnant, Spartiate, Aquilon, Peuple-Souverain,* pris et emmenés à Cadix ; *Guillaume-Tell, Généreux, Justice* et *Diane,* réfugiés à Malte ou à Corfou.

que trois de ces derniers étaient si désemparés, si criblés de coups, si lamentablement ruinés que les Anglais durent les brûler sur place, sans pouvoir les joindre à ceux qu'ils emmenèrent comme trophées à Cadix.

Les vainqueurs avaient relativement peu souffert, bien que Nelson eût été blessé à la tête et que son vaisseau le *Wanguard* eût été très maltraité. Un seul de ses navires, le *Bellerophon*, avait dû se retirer de la ligne de bataille. Un autre, le *Culloden*, s'était échoué sur les bancs de l'îlot. Quant aux pertes en hommes, elles n'étaient que de 218 tués et 677 blessés [1].

La victoire des Anglais était donc complète. Elle eut les conséquences les plus funestes pour l'expédition et porta un coup sensible à la puissance navale de la France. Notre marine se ressentit longtemps du grave échec qui lui avait été infligé dans cette fatale rencontre.

A quoi nos ennemis devaient-ils leur succès ? A l'ardeur de leur chef, à la manœuvre hardie

---

1. D'autres relations donnent 1,296 tués et blessés, au lieu de 895.

du capitaine Foley, et aussi à leur discipline, à leur valeur professionnelle. Dans un ordre du jour adressé à son escadre, Nelson rendait ainsi hommage à ses équipages : « Il n'est aucun matelot anglais qui n'ait dû sentir en ce jour quelle est la supériorité d'équipages fidèles au bon ordre et à la discipline sur des hommes sans frein dont rien n'a pu régler les tumultueux efforts. » C'était bien là, en vérité, ce qui avait fait la force de nos ennemis. Dans ce choc de deux escadres, à peu près égales en force et en nombre, il n'y eut qu'une lutte d'artillerie ; la victoire devait appartenir à celui des adversaires qui avait les canonniers les plus habiles, les pointeurs les plus exercés, par suite les marins les plus résolus, car le sang-froid ne s'acquiert qu'avec de l'expérience. Sans doute, en prenant vigoureusement l'offensive, en arrivant à pleines voiles sur une escadre à l'ancre, Nelson mit de son côté bien des chances de succès. Toutefois, la résolution prise par Brueys de combattre au mouillage n'est pas critiquable d'une façon absolue et il y aurait injustice à la lui reprocher. Aussi bien, notre histoire maritime enregistre un beau succès obtenu à l'ancre : celui de Linois à Algésiras en 1801. Mais Linois sut tirer parti des lieux et des circonstances, il sut s'établir dans cette « position militaire » dont Brueys connaissait l'impérieuse nécessité, puisqu'il en parlait sans cesse dans sa correspondance, mais qu'il négligea de prendre, soit par impéritie, soit par une sorte d'insouciance fataliste. Il commit, en effet, des négligences qui valaient de véritables fautes et il endossa ainsi la responsabilité presque entière de la sanglante défaite d'Aboukir.

Ces fautes, le capitaine de vaisseau Léonce Trullet, du *Timoléon,* les a signalées en termes vigoureux dans une lettre à l'un de ses amis, l'amiral Vence, commandant des armes à Toulon : « Le 19 messidor (7 juillet) l'armée mouilla, dit-il, dans la baie d'Aboukir. C'est ici, Général, où vous frémirez d'indignation quand vous saurez que, pour former une ligne d'embossage, l'insouciance ou l'ineptie du chef n'a pu l'obtenir bien formée que le 9 thermidor, vingt jours après l'arrivée de l'escadre à Aboukir ; que pendant ce séjour d'un mois dans cette baie il n'y a jamais eu ni frégate ni corvette en observation ; que l'amiral n'a jamais voulu compléter les équipages des vaisseaux à chacun desquels il manquait 200 hommes, malgré que je lui en aie fait la demande deux fois pour le *Timoléon* et qu'il eût 2,000 hommes à sa disposition des bâtiments de transport... »

Le capitaine Trullet n'est, en général, pas tendre pour Brueys. On pourrait donc tenir pour suspect le témoignage du commandant du *Timoléon*. Malheureusement, les fautes de Brueys ont été énumérées par un témoin qui a rédigé une longue relation de combat et qui, par fonction, devait être — comme il l'a été du reste — indulgent pour l'amiral, puisqu'il servait dans son état-major en qualité d'enseigne.

Ce témoin, nommé de Lachadenède, a écrit : « L'embossage était vicieux : 1° parce qu'il y avait assez d'eau pour manœuvrer entre la terre et nous ; 2° parce que les trois divisions ne se flanquaient pas et ne pouvaient se soutenir mutuellement sans changer de position. Nous pouvions donc être pris entre deux feux, non pas seulement parce que notre avant-garde était trop éloignée de l'îlot et qu'on pouvait la doubler, mais parce qu'on pouvait couper notre ligne sur un point quelconque. Ces défauts de position avaient leur origine dans l'ignorance où nous étions des sondes de la rade. L'état de la mer, l'emploi continuel des canots pour les besoins du service empêchèrent plusieurs officiers de bonne volonté de se livrer à ce travail. »

De pareilles raisons ne sont pas valables. En un mois, on aurait pu trouver un temps propice pour effectuer ces sondages. Il n'y avait pas de nécessité plus urgente que celle-là. Aucun « besoin de service » ne pouvait faire différer la reconnaissance hydrographique de la baie d'Aboukir. Si elle avait été faite, Brueys eût pu mouiller son escadre plus près de terre et il eût ainsi empêché la moitié des vaisseaux de Nelson de venir se placer entre la terre et lui, pendant que l'autre moitié le canonnait du large. C'est en passant entre l'îlot et notre vaisseau de tête que les Anglais nous doublèrent. Comment se fait-il donc que Brueys n'ait pas écouté les conseils de ceux de ses capitaines qui lui demandaient de couler bas quelques vieux bâtiments dans ce passage, afin de l'obstruer? Quelle présomption a donc pu l'aveugler au point de lui faire dédaigner certains avis utiles? Par quelle aberration a-t-il pu croire jusqu'au dernier moment que la tête de sa ligne était suffisamment couverte par les hauts-fonds de la baie ? Telle était, sur ce point, la sécurité dans laquelle il vivait, qu'il demeurait convaincu que les principaux efforts de l'ennemi seraient dirigés sur ses bâtiments de queue[1]. Aussi toutes ses dispositions préparatoires, tous ses signaux conventionnels ne visaient-ils que le cas où il faudrait porter l'avant-garde et le centre au secours de l'arrière-garde. Et c'est justement la tactique inverse que choisit Nelson!

Pour l'excuser tout à fait, on a invoqué son fâcheux état de santé. En effet, le 20 juillet, il avait écrit à Bonaparte : « Des coliques, des maux de tête et une espèce de dysenterie m'ont réduit à une faiblesse extrême et, quoique je ressente du mieux depuis deux jours, je n'en suis pas entièrement débarrassé. » Mais il avait près de lui un personnel propre à le seconder. Son chef d'état-major Ganteaume, depuis peu élevé au grade de contre-amiral, avait l'autorité suffisante pour faire exécuter ses ordres. Si donc l'escadre, mouillée trop loin du rivage, n'occu-

---

1. Lettre à Bonaparte, du 13 juillet 1799.

pait pas à Aboukir la position la plus avantageuse qu'elle pouvait y tenir, c'est que son chef avait méconnu certaines règles essentielles et qu'il avait manqué d'une prévoyance presque élémentaire.

Relativement à la direction du combat lui-même, il n'y a rien à lui reprocher, car avant de le blâmer de n'avoir pas fait appareiller l'arrière-garde, il faudrait savoir si, au moment où il reçut ses blessures, la situation était déjà compromise. D'ailleurs, le combat ne fut qu'une mêlée effroyable, dans laquelle les vaisseaux engagés n'avaient plus qu'une seule chose à faire : tirer, tirer toujours pour essayer de réduire leurs adversaires. Il y eut, hélas! dans quelques équipages des défaillances fâcheuses. Le procès-verbal de l'*Heureux* rapporte « que les mouvements de ce vaisseau furent très longs, par la mauvaise volonté de l'équipage qui n'osait monter sur le pont malgré toute la rigueur que les officiers employaient ». « La lâcheté de plusieurs officiers, dit le capitaine Trullet, a entraîné celle d'une grande partie des équipages, car on en a vu qui ont fui avec des embarcations chargées de monde et d'autres qui, en abandonnant leur poste, ont donné lieu à l'abandon des batteries, outre les rapines qui ont été générales à bord de tous les vaisseaux, ce qui prouve combien les lois sont insuffisantes pour la répression de ces délits, et combien on doit être attentif pour le choix des officiers desquels dépendent l'ordre, la discipline, enfin la bonne composition des équipages et par conséquent le salut des forces navales[1]. »

De la part de marins recrutés au hasard et en hâte, jetés à bord plutôt qu'embarqués au moment du départ, ces défaillances ne sont pas surprenantes. Tout autre est l'impression que cause la conduite de Villeneuve, cet amiral réputé pour son énergie et sa vaillance. Il commandait une aile qui ne fut pas attaquée et il ne fit rien pour voler au secours des vaisseaux engagés ! Il avait sous ses ordres le tiers des forces françaises et il demeura spectateur impassible de la lutte ! Ne savait-il donc pas, cet ancien combattant de la guerre d'Amérique, que le poste de tout navire est au feu ? Dans une lettre à l'amiral Blanquet du Chayla, sorte de long

---

[1]. Papiers de l'amiral Dumas-Vence.

plaidoyer qu'il rédigea pour se laver de certaines attaques, il a prétendu que « la nuit entière n'eût pas été suffisante » pour lui permettre d'appareiller utilement, parce qu'il avait à remonter le vent pour venir se joindre à la mêlée et qu'il avait trois ancres à relever. « Nous n'aurions jamais pu, dit-il, arriver au fort du combat avant que les vaisseaux qui y étaient eussent été réduits dix fois. » Ce sont d'insuffisantes explications. D'abord il aurait pu couper ses câbles pour appareiller plus vite ; ensuite, comme il n'était qu'à 700 ou 800 mètres, 1,000 au p,us, du centre de la ligne de bataille, il aurait certainement pu s'en rapprocher dans un délai assez court. Tout, d'ailleurs, eût été préférable pour lui à cette inaction déconcertante, qui lui permit d'emmener ses navires presque intacts, hors du groupe de leurs compagnons mutilés. « Ah ! s'écriait Étienne, en écrivant à un ami, que de choses à dire !... quel coup de manœuvre il y avait à faire !... mais l'ordre ne se donnait pas et nous attendions notre tour ! » Et pourtant ce Villeneuve, dont la conduite fut si étrange à Aboukir, qui y montra, du moins, si peu d'initiative et si peu de décision, devait être choisi par Decrès pour commander notre escadre de 1805, celle qui était appelée, dans les circonstances les plus décisives, à frapper contre l'Angleterre un coup mortel ! Il semble que l'amiral qui avait pu demeurer inactif dans la baie d'Aboukir, durant toute la nuit du 1ᵉʳ août 1798, était voué d'avance à faire échouer l'expédition des Antilles, à se laisser enfermer au Ferrol et à succomber dans la lutte suprême de Trafalgar. Comment Decrès, qui l'avait vu à l'œuvre en Égypte, eut-il l'idée de le désigner sept ans plus tard au choix de Napoléon ? C'est un fait qu'il serait difficile de comprendre, si l'on n'était pas en droit de supposer que Decrès, défiant et ombrageux comme il l'était, jaloux de toute célébrité, avide de paraître au premier rang, écartait systématiquement les bons marins pour ne mettre en évidence que les médiocres.

Heureusement pour notre amour-propre national, tout n'est pas sujet de tristesse et d'étonnement dans ce combat, l'un des plus sanglants qui aient été livrés sur mer. Les exemples de bravoure et de valeur furent nombreux : c'est Brueys succombant à sa troisième blessure ; c'est Casabianca, le capitaine de l'*Orient,* englouti avec son fils ; c'est Émeriau, commandant du *Spartiate*, que son vainqueur honora en refusant de prendre son épée ; c'est Dupetit-Thouars qu'immortalisa la belle défense du *Tonnant;* c'est Blanquet du Chayla continuant le combat malgré une horrible blessure ; c'est tant d'autres et des plus humbles, qui luttèrent en héros et vengèrent l'honneur du nom français [1].

La nouvelle du désastre de l'escadre jeta la consternation dans l'armée expéditionnaire qui manifesta aux marins, même aux blessés, des sentiments d'aversion et d'hostilité regrettables [2]. Lorsque Bonaparte connut l'événement, le 13 août, par un aide de camp de Kléber, il affecta le plus grand calme et l'on raconte qu'il s'écria : « Il nous faut mourir ici, ou en sortir grands

---

1. Il convient de rappeler ici que le *Généreux*, capitaine Le Joille, l'un des bâtiments que Villeneuve avait fait appareiller, enleva sous l'île de Candie le vaisseau anglais de 50 canons le *Leander* après un vif combat. C'est ce vaisseau que Nelson avait chargé d'annoncer en Angleterre sa victoire d'Aboukir.

2. « Les blessés sont conduits à Alexandrie, on les entasse dans des masures, la plupart sans lit et sans secours ; ceux qui en reçoivent guérissent aisément, mais le grand nombre périt de misère et faute de soins. Les malheureux marins y sont abandonnés, conspués, traînés enfin dans la boue ; on leur impute le désastre d'Aboukir, bien que dans cette catastrophe il n'y eût de vraiment coupable que le chef principal. » (Lettre de Léonce Trullet, commandant le *Timoléon*, à l'amiral Vence.)

comme les Anciens ! » ; mais quand il fut seul, on l'entendit répéter à plusieurs reprises et d'un accent plein de tristesse : « Malheureux Brueys, qu'as-tu fait ?... » Avec son intuition d'homme de guerre, le jeune général en chef avait immédiatement compris quelle était la responsabilité de l'amiral dans ce désastre. Pourtant il se montra indulgent. Et cette même dépêche au Directoire, qui donnait à penser que Brueys était resté à Aboukir au mépris de ses instructions, se terminait par ces phrases destinées à expliquer, sinon à excuser la conduite de l'amiral : « Il me paraît qu'il n'a pas voulu se rendre à Corfou avant qu'il eût été certain de ne pouvoir entrer dans le port d'Alexandrie, et que l'armée dont il n'avait pas de nouvelles depuis longtemps fût dans une position à ne pas avoir besoin de retraite ; si dans ce funeste événement il a fait des fautes, il les a expiées par sa fin glorieuse. » Au surplus, cette mort causa à Bonaparte un chagrin réel. La lettre qu'il écrivit à la femme de Brueys est celle d'un ami douloureusement atteint : « Madame, votre mari a été tué d'un coup de canon en combattant vaillamment à son bord : il est mort sans souffrir et de la mort la plus douce et la plus enviée des militaires. Je sens vivement votre douleur. Le moment qui nous sépare de l'objet que nous aimons est terrible, il nous isole de la terre... On sent dans cette situation que, si rien ne nous obligeait à la vie, il vaudrait beaucoup mieux mourir. Mais lorsque, après cette première pensée, on presse ses enfants contre son cœur, des larmes, des sentiments tendres raniment la nature et l'on vit pour ses enfants... Vous pleurerez avec eux, vous élèverez leur enfance, vous cultiverez leur jeunesse, vous leur parlerez de leur père, de votre douleur, de la perte qu'ils ont faite, de celle qu'a faite la République. Après avoir rattaché votre âme au monde par l'amour filial et l'amour maternel, appréciez pour quelque chose l'amitié et le vif intérêt que je prendrai toujours à la femme de mon ami. Persuadez-vous qu'il est des hommes, en petit nombre, qui méritent d'être l'espoir de la douleur, parce qu'ils sentent avec chaleur les peines de l'âme. »

Aux valeureux compagnons de Brueys, Bonaparte ne témoigna que de l'estime et ne fit entendre aucun mot amer. Le 15 août, par exemple, il envoyait à Ganteaume ce billet affectueux : « Le tableau de la situation dans laquelle vous vous êtes trouvé, citoyen Général, est horrible. Quand vous n'avez pas péri dans cette circonstance, c'est que le sort vous destine à venger un jour notre marine et nos amis. Recevez-en mes félicitations. C'est le seul sentiment agréable que j'aie éprouvé depuis avant-hier où j'ai reçu à trente lieues du Caire votre rapport. Je vous salue et vous embrasse. » Enfin, trois jours plus tard, il écrivait à Marmont qui partait pour Rosette : « Ayez soin surtout de voir et de conférer avec le contre-amiral Ganteaume et vous me ferez connaître ce qu'il pense que feront les Anglais, ce qu'il pense qu'a fait Villeneuve, ce qu'il pense de la conduite de notre escadre et de celle des Anglais. Témoignez-lui l'estime que j'ai pour lui et le plaisir que j'ai eu à apprendre qu'il était sauvé. » Un jour, il est vrai, après avoir félicité Ganteaume, remercié même Villeneuve d'avoir conservé quatre navires au pays et loué la mort héroïque de Dupetit-Thouars, Bonaparte eut le tort de flétrir injustement la conduite du *Franklin* et du brave du Chayla qui le montait[1]; mais dès qu'il apprit que des rapports inexacts l'avaient induit en erreur, il s'empressa de faire connaître sa méprise et d'annoncer à l'armée d'Égypte que du Chayla et le *Franklin* avaient fait la plus belle résistance.

Et maintenant il semble qu'il soit facile d'établir la part de responsabilité qui revient à chacun dans la triste journée du 1er août 1798. Les éléments dont disposait Brueys n'étaient pas des meilleurs, tant s'en faut. Il avait auprès de lui des officiers sans talent, des équipages sans instruction. Ses collaborateurs immédiats montrèrent à l'heure suprême de coupables sentiments d'égoïsme et d'insouciance. Et certes, cet homme de cœur et de devoir, qui possédait beau-

---

1. Voici le texte de l'ordre à l'armée qui flétrissait si injustement le *Franklin*. Il est daté du 7 fructidor an VI : « L'armée est prévenue que dans le combat naval le vaisseau *le Tonnant* s'est couvert de gloire, il s'est battu tout seul trente-six heures contre toute l'escadre. Le brave capitaine du Petit-Thouars a été tué d'un coup de canon. Gloire à sa mémoire! Gloire à l'équipage du *Tonnant!* Le *Franklin* a amené son pavillon sans être démâté et sans avoir reçu aucune avarie.

« Le contre-amiral Ganteaume, qui montait l'*Orient*, s'est très bien conduit. Ce brave homme est à Alexandrie.

« L'amiral Villeneuve qui a rallié l'escadre et l'a conduite à Malte, a rendu par là un grand service à la République. »

Signé : Alex. Berthier.

coup des qualités indispensables à un chef, méritait d'être mieux secondé.

Mais quels que soient les torts de ses subordonnés, ces torts n'effacent pas les siens. Il se trompa, d'abord, en s'établissant à Aboukir. De plus, les dispositions à prendre en vue de la lutte lui incombaient à lui seul, puisqu'il était commandant en chef. Par un oubli fatal, il les négligea et cette méconnaissance de son rôle fut l'une des causes principales du désastre.

La postérité a été clémente pour Brueys. Elle s'incline avec respect devant la statue que lui a élevée Uzès, sa ville natale, par les soins de sa veuve. Elle honore en lui le courage malheureux, oubliant ses erreurs et ne se souvenant que de sa mort héroïque. Elle aime à répéter le mot si crâne par lequel il refusa de se laisser emporter, disant qu'il voulait mourir sur le pont de son navire. En un mot, elle ratifie le jugement que Bonaparte a porté sur lui : « Si, dans ce funeste événement, Brueys a commis des fautes, il les a expiées par sa fin glorieuse. »

L'ODYSSÉE D'UN MARIN ROYALISTE

SOUS LE CONSULAT ET L'EMPIRE

Au mois de janvier 1801, le général Mercier dit « la Vendée », chef d'état-major de Georges Cadoudal, était poursuivi et traqué dans une grange au bourg de la Motte, près de Loudéac, par une colonne mobile formée de paysans, de chasseurs et de gendarmes. Les quatre soldats qui l'accompagnaient réussirent à s'échapper. Quant à lui, atteint de deux balles, il fut tué sur place.

On le fouilla et on trouva dans ses papiers la trace d'un complot royaliste, machiné par un enseigne de vaisseau du nom de Rivoire, qui, avec l'argent des princes émigrés et le concours de leurs représentants officiels en France, voulait faire reconnaître l'autorité du roi par la ville, le port et les escadres de Brest. Les forces insurgées de Bretagne devaient être mises à sa disposition, et comme la majeure partie des troupes françaises étaient alors occupées à guerroyer en Italie, il espérait mener à bien son aventure sans trop de difficultés. Rivoire étant en activité de service, sa trahison était patente. On le fit rechercher, et on le découvrit à Calais, à l'hôtel du *Lion d'Argent,* au moment où il allait s'embarquer pour Douvres.

Mais d'abord, qui était ce Rivoire?

Né à Lyon, en 1775, d'une famille de Rivoire de Saint-Hippolyte, qui était originaire du Dauphiné, il entra à l'âge de treize ans à l'École navale établie à Alais par Louis XVI, fut nommé aspirant de marine en 1791, et attaché comme tel au département de Toulon.

Dès 1791, il prit part aux mouvements pour la cause royale, qui eurent lieu en Languedoc et qui sont connus sous le nom d'affaires du camp de Jalès. Il émigra en 1792, et servit bientôt après dans la compagnie des hussards blancs de Rastelli, faisant partie de l'armée austro-sarde. Il revint à Toulon au moment où cette ville se livra aux Anglais et passa ensuite à Gênes auprès du marquis de Marignane, ambassadeur du « roi de France », sans doute pour y conspirer ou pour s'y livrer à diverses machinations plus ou moins ténébreuses. Il était à Gênes depuis quelque temps, lorsqu'il vit arriver le *Scipion,* vaisseau de 74, qui venait de Toulon avec le pavillon blanc à la poupe. Rivoire embarqua sur ce vaisseau. Il s'y trouvait de garde, le 26 novembre 1793, lorsqu'un incendie éclata à bord, par malveillance, dit-on : 870 personnes, brûlées ou noyées, périrent dans ce sinistre ; mais Rivoire eut la chance d'y échapper. Après cet événement, il servit sur les frégates *la Prosélyte* et *la Perle,* deux des navires que l'amiral Hood avait fait sortir de Toulon lors de la reprise de ce port par les armées de la Convention, et c'est avec la *Perle* qu'il gagna l'Angleterre.

En 1795, cette frégate ayant été désarmée à Portsmouth, ainsi que les autres bâtiments de l'escadre française emmenés de Toulon, le chevalier de Rivoire s'empressa de satisfaire son insatiable besoin d'intrigues en se rapprochant des princes émigrés, alors en Angleterre, et en se faisant donner par eux des missions aussi nombreuses que variées.

Au cours d'une de ces missions dans le Midi de la France, il eut l'audace, au moyen de pa-

papiers faux, de se faire prendre comme adjudant de la division navale formée des vaisseaux enlevés à Venise pendant la campagne d'Italie. Des indiscrétions le trahirent. Il fut arrêté par la municipalité de Toulon et envoyé au fort La Malgue, pour y être jugé par une commission militaire « comme émigré et agent de conspiration ». Faute de preuves, il fut mis hors d'accusation, mais maintenu quand même prisonnier dans le fort, d'où il ne tarda pas à s'évader en escaladant un mur.

Cinq ans se passèrent ainsi pour Rivoire en marches et en voyages, avec des aventures diverses. En 1799, il fit agréer par le comte d'Artois son plan de livraison du port de Brest et aussitôt il rentra en France. Il fut assez adroit pour se faire réintégrer dans la marine en qualité d'enseigne, non entretenu d'abord et entretenu ensuite, par le ministre Forfait, qui décida, le 4 nivôse an VIII (25 décembre 1799), qu'il irait à Brest continuer ses services. Arrivé au port, le 10 janvier 1800, il commença par se faire recevoir maçon à la loge « l'Heureuse rencontre », et ne tarda pas à mettre en œuvre, avec Cadoudal, Mercier et les principaux chefs des chouans, le projet d'enlever la ville et la flotte.

Voici, du reste, comment il raconte lui-même son projet dans le mémoire qu'il a publié[1] :

« En 1799, un retard considérable dans les paiements des gens de l'escadre et des ouvriers du port occasionnait à Brest un état de gêne très pénible. Il n'y avait plus de troupes tant dans la ville que dans la province. Le service de la garnison de la place se faisait par des troupes de marine et par des soldats espagnols que l'on avait débarqués à cet effet de l'escadre de cette nation. Le commandant espagnol Gravina avait été comme second commandant à Toulon, en 1793, lors de l'insurrection royale; j'avais eu l'occasion de servir sous ses ordres. Il se trouvait à bord des bâtiments de l'escadre française plusieurs milliers d'anciens insurgés royalistes de la Bretagne ou de la Vendée qui, après la pacification, avaient été forcés de reprendre du service dans la marine.

« A cette époque, je venais d'échapper par

---

[1]. *Histoire de la marine française et de la loyauté des marins sous Buonaparte*, par le chevalier de Rivoire Saint-Hippolyte, ancien officier de la marine royale. Paris, 1814.

escalade du fort La Malgue. Buonaparte revenant d'Égypte m'avait trouvé à Lyon, où je m'étais réfugié chez mes parents ; il feignait alors d'être chaud royaliste ; je m'y laissai attraper comme beaucoup d'autres, et je le suivis à Paris où il annonçait assez hautement vouloir renverser le Directoire.

« Je ne tardai pas à être détrompé sur son compte, surtout par la mort du jeune de Toussaing. M'étant procuré sur la situation de Brest les renseignements dont je viens de parler, je me rendis à Londres auprès de Son Altesse Royale, Monseigneur, lieutenant général du royaume, à qui je les communiquai. Il fut, en conséquence, décidé que je me rendrais à Brest, que j'accepterais le service qui m'était offert par Buonaparte, et que je me mettrais en mesure de m'emparer, au nom du Roi, de la ville, du port et de l'escadre. Pour m'en faciliter encore mieux les moyens, les forces des insurgés royalistes de Bretagne furent à ma disposition. J'aurais désiré qu'un officier plus ancien que moi eût été chargé d'une mission aussi importante que celle qu'on me donnait, m'offrant de servir sous ses ordres et de l'aider de tous mes moyens. Il fut décidé que puisque j'avais donné l'idée du projet, je devais le mettre moi-même à exécution. Les instructions qui me furent données portaient qu'en cas de succès de ma part, je ne permettrais l'entrée en rade de Brest à aucun bâtiment anglais de guerre ou de commerce, jusqu'à l'arrivée d'un prince français; à plus forte raison les troupes anglaises ne devaient pas y être reçues. Après que l'on m'eut donné ces instructions, je m'embarquai pour la Hollande et je me rendis en France auprès du général Georges, avec lequel je me concertai.

« Outre les moyens puissants dont je me trouvais pourvu pour la réussite de mon affaire, j'en avais un autre qui seul eût suffi pour achever ma mission. Le commandant de l'escadre espagnole, ce même Gravina, était dévoué de tout cœur aux Bourbons et à la restauration de la maison de France. L'amiral Gravina consentit à se prêter autant qu'il le pouvait, sans compromettre son gouvernement, à aider une tentative de la part des royalistes contre Brest. »

Par malheur pour celui qui avait conçu un si vaste projet, certains ordres attendus de Londres furent longs à venir. Le temps s'écoula, la bataille de Marengo fut gagnée, les armées républicaines rentrèrent en France, un corps de 15,000 hommes fut rassemblé à Brest en vue de l'expédition de Saint-Domingue, et toute tentative royaliste devint impossible dans cette partie de la France.

Persuadé que l'occasion qu'il avait manquée ne se retrouverait pas de longtemps, Rivoire se décida à retourner à Londres. Il était sur la route de ce nouvel exil volontaire et bien près d'échapper à la police française, lorsqu'il fut, comme on l'a vu, arrêté à Calais le 28 janvier 1801. Les papiers du général Mercier avaient, en effet, permis de suivre sa trace jusqu'au port d'embarquement.

Enchaîné par ordre spécial de Fouché, le chevalier de Rivoire vint en cabriolet jusqu'à Paris, ayant à ses côtés un gendarme qui, le pistolet à la main, devait lui brûler la cervelle au moindre mouvement. Il fut enfermé au Temple.

Neuf mois après, il était transféré à Brest pour y être jugé par la cour martiale, sur un décret rendu par les Consuls, qui l'accusaient d'être l' « agent direct d'une conspiration tendant à renverser le gouvernement républicain, établir la royauté en France, renouveler la guerre civile dans les départements de l'Ouest, et livrer aux ennemis de l'État la ville, le port et les escadres combinées de Brest ».

Tous les tribunaux militaires de l'époque n'étaient pas des instruments serviles aux mains de Bonaparte. Et si l'arrêt qu'ils devaient rendre était souvent dicté aux juges, ceux-ci avaient parfois assez d'indépendance pour résister à une pression extérieure. Telle était, du reste, l'espérance de Rivoire qui se montrait fort tranquille sur l'issue de son procès.

« Je n'avais guère besoin d'avocat que pour la forme, dit-il : je me trouvais au milieu d'amis et j'étais sûr d'être acquitté. La chose était même si certaine et si connue d'avance dans Brest, que le ministre de la police, qui en fut prévenu, écrivit au préfet maritime pour lui ordonner de me garder en prison, et très resserré, dans le cas où je serais acquitté. »

Le fait est vrai. Quelques jours avant les débats, Fouché[1] avait ordonné au préfet maritime de

---

1. Fouché à Caffarelli, le 25 ventôse an X (17 mars 1801). « ..... prendre les mesures nécessaires pour qu'il (Rivoire) de-

détenir Rivoire, même après son acquittement. Caffarelli, le préfet maritime, avait fait entendre une honnête protestation : « Vous savez, avait-il écrit à Fouché, que toutes les lois ordonnent que, dès que l'accusé est absous, le président relâche de suite, et sans ordre ultérieur, cet accusé... Je serais donc dans l'alternative d'obéir aux lois ou de désobéir aux ordres du gouvernement... Un fonctionnaire ne saurait être placé dans cette alternative ; je vous prie d'exposer au Premier Consul les raisons que j'ai l'honneur de vous soumettre et de prendre ses ordres à ce sujet. » Le Premier Consul confirma purement et simplement les instructions de son ministre de la police. Et Caffarelli, contraint de se soumettre, n'eut d'autre ressource que de se faire remplacer, comme président de la cour martiale, par le contre-amiral Dordelin.

Aux termes de la loi du 12 octobre 1791, le jury des cours martiales maritimes devait se composer de sept jurés, dont quatre de grade supérieur à l'accusé et trois de grade égal. Les

---

meurât à sa disposition et en détention et qu'il fît veiller à ce que toutes les mesures de sûreté fussent prises pour qu'il ne s'échappât point. »

trois enseignes désignés se nommaient Garabis, Gestin et Hulin; les quatre lieutenants de vaisseau avaient noms Lacarrière, Gonidec, Segoing et Olivier. Traduit devant ces sept officiers le 22 germinal an X (11 avril 1802), Rivoire fut absous à la majorité de cinq voix contre deux. Le jugement qui l'innocentait s'exprimait ainsi : « J.-P. Rivoire, enseigne de vaisseau, prévenu d'avoir trahi ses devoirs en devenant l'agent direct d'une conspiration, etc..., *est convaincu de ces faits, mais non criminel.* »

Dès que le verdict fut rendu, Caffarelli dut en aviser Decrès, ministre de la marine, et, pressentant l'orage, il eut bien soin, comme le dit M. Jean Cruppi[1], d'envelopper la fâcheuse nouvelle de quelques doléances sur l'institution du jury : « Elle n'a point donné, dit Caffarelli, ce que l'on en attendait..., les jurés se regardent, par suite des mœurs françaises, plutôt comme les défenseurs de l'accusé que comme les représentants de la société... » Mais le ministre n'avait que faire de ces explications. Il ne retint que l'éton-

---

1. Discours prononcé à l'audience de rentrée de la Cour de cassation le 16 octobre 1896 par M. Jean Cruppi, avocat général : *Napoléon et le Jury.*

nante contradiction qui terminait le jugement, et s'empressa de la signaler aux Consuls. Ceux-ci s'en émurent, et le 3 floréal an X (22 avril 1802) ils prirent un arrêté portant que cette déclaration du jury était un acte de révolte contre la Constitution et une provocation à la rébellion. Ils destituèrent donc les sept lieutenants de vaisseau ou enseignes formant la cour martiale de Brest, et ils les firent venir à Paris sous bonne escorte pour les enfermer au Temple, tandis que, de son côté, Rivoire était maintenu sous les verrous, ainsi que le ministre l'avait ordonné par avance.

En même temps, Decrès adressait au préfet maritime Caffarelli cette lettre pleine d'indignation et de colère :

« Je ne croyais pas, citoyen préfet, d'après les renseignements que j'avais reçus de toutes parts sur l'affaire du traître Rivoire, qu'il fût possible qu'on le déchargeât d'accusation. Mais ce à quoi je m'attendais encore moins, c'est qu'il dût être déchargé d'une manière aussi scandaleuse que celle que n'ont pas craint d'affirmer les jurés.

« Au premier coup d'œil sur leur déclaration, j'ai cru que sa monstruosité ne pouvait être attribuée qu'à *l'imbécillité* de ceux qui l'ont écrite, et c'est ainsi que je m'en suis d'abord expliqué près des Consuls. Cette explication pénible pour moi, et en quelque sorte humiliante, puisque ces individus appartenant au corps dans lequel je sers depuis mon enfance, il en résulte nécessairement une sorte de fraternité militaire entre eux et moi, cette explication, dis-je, j'ai eu le courage de la donner pour prévenir les inductions de perfidie qui se présentaient contre les jurés et je l'ai donnée de bonne foi.

« Mais, lorsque, par suite d'une attention plus réfléchie, j'ai songé que le choix des jurés présentés pour une affaire aussi importante avait dû être médité, lorsque j'y ai vu figurer le lieutenant de vaisseau Lacarrière, que je crois frère d'un traître de ce nom très connu, je n'ai pu me refuser à l'idée qu'il y avait eu, dans toute cette affaire, une trame astucieusement ourdie contre la religion de celui qui a nommé les jurés.

« Il serait important, citoyen préfet, de porter toute votre attention sur les circonstances de cette affaire, de remonter jusqu'à celles dont l'influence a fait mêler Lacarrière dans ce jury, et enfin, de me faire connaître, non pas seulement des convictions qu'il serait difficile d'obtenir, mais des présomptions que vous suggérera votre sagacité sur la culpabilité de beaucoup d'individus qui, nécessairement, auront influé dans cette odieuse affaire sur laquelle il nous faut pourvoir, non seulement à ce qui a eu lieu, mais encore à ce qui peut survenir...

« Je ne serai donc point étonné d'apprendre qu'il n'aura pas moins fallu que toute votre prudente fermeté pour modérer l'effet de l'indignation qu'auront éprouvée, au port de Brest, tous ceux qui tiennent à la marine et à la patrie, et qui ont vu absoudre un crime que je crois sans exemple dans les annales de la Bretagne, crime dont le fait n'a pas été désavoué par les jurés.

« Au reste, il n'est pas inutile d'observer que ces jurés se sont couverts d'opprobre à la face de toutes les nations, car les nations étrangères connaissent cette affaire mieux que nous peut-être, à qui il ne reste cependant aucun doute sur sa nature, et elles n'ont pas cessé un instant d'avoir les yeux ouverts sur son résultat, sur lequel la fermeté du gouvernement suppléera heureusement à l'insuffisance de la législation.

« Decrès. »

Le 11 floréal (1ᵉʳ mai) Caffarelli répondit à cette véhémente missive de son ministre. Il s'attacha d'abord à disculper les jurés de l'accusation d'une complaisance coupable pour Rivoire et ensuite à faire connaître le mobile auquel il lui semblait qu'ils avaient obéi : « Je crois pouvoir affirmer, disait-il, qu'il n'y a eu aucune connivence entre lui et ces officiers. L'avis général des jurés était que Rivoire était coupable, mais que le crime n'ayant pas été consommé, il n'était pas criminel. Une conscience timorée, des sentiments faibles ont pu les porter à admettre une distinction que réprouve la sûreté de l'État; mais ce n'est pas connivence ou complicité ou insensibilité pour les dangers auxquels exposait le crime de Rivoire... » Quelques jours plus tard, le 13 mai, en envoyant à Paris, comme on le lui avait ordonné, toutes les pièces de la procédure, Caffarelli plaida de nouveau la cause des jurés « auxquels on pouvait reprocher une fausse interprétation de la loi, mais qui, ayant opiné dans leur conscience, étaient moralement et légalement inattaquables ».

A Brest, l'opinion publique ne s'était guère passionnée pour Rivoire. Nouvellement arrivé dans la ville, il n'y connaissait pas beaucoup de monde. En outre, la Révolution avait fait éclore tant de complots de toutes sortes, qu'une conspiration de plus n'était pas pour causer grand émoi. Et, au dire de Caffarelli, l'arrestation des jurés fit plus de sensation que l'absolution de Rivoire[1]. Les Brestois s'inquiétèrent vivement du sort qui semblait réservé à ces malheureux jurés, lesquels protestèrent dans un mémoire publié sous ce titre : *Les officiers composant le jury de jugement de l'enseigne de vaisseau Rivoire à leurs concitoyens*[2]. Après avoir rappelé que leurs services antérieurs, leurs principes politiques bien connus et l'honorabilité de leur caractère, excluaient toute idée possible de connivence entre eux et Rivoire, ou même de complaisance pour cet accusé, ils s'exprimaient ainsi :

« ... Si, dans l'examen de la procédure Rivoire, les débats qui ont eu lieu devant nous, ses moyens de défense, la plaidoirie de son conseil,

---

1. Lettre de Caffarelli au ministre du 1er mai 1802 (11 floréal an X), citée par M. Levot dans un article très intéressant sur le cas de Rivoire (*Bulletin de la Société académique de Bres'*, t. II, 2e série, p. 122 à 161.)
2. Cité dans le même article.

les rapports du commissaire-auditeur, ainsi que dans les pièces produites, nous avons trouvé quelques preuves de la conviction des faits qu'on lui imputait, nous ne les avons principalement aperçues que dans les aveux répétés de ce prévenu, et ces aveux ont été constamment accompagnés de la déclaration identique qu'il n'avait été l'agent de tous ces faits que pour connaître à fond toutes les branches de la conspiration et en faire la révélation au gouvernement républicain. »

Ainsi donc, pour se disculper devant la cour martiale, Rivoire employa le moyen habituel aux traîtres : il prétendit n'avoir trempé dans le complot que pour le dénoncer ensuite. A la vérité, ajoutaient les jurés dans leur mémoire, « nous avons bien senti qu'il eût été plus régulier et même facile à Rivoire de prévenir quelques agents du gouvernement de ses vues et de ne pas attendre à le faire au moment de son arrestation »; mais le doute s'était emparé de leur esprit et l'accusé en bénéficia.

« Les principes d'humanité, les préceptes mêmes de la loi qu'on nous donnait pour guides nous prescrivaient d'interpréter toujours les doutes à la décharge de l'accusé, ainsi que le portent les articles 37 et 44 du Code du 12 octobre 1791 que nous avions sous les yeux. Nous avons en outre été déterminés, dans notre déclaration, par la considération que, malgré tous les moyens que l'on présumait à Rivoire, il n'existait pas au procès de traces d'aucune exécution funeste de sa part.

« Peu versés dans l'idiome judiciaire, nous avons pensé d'autant plus naturellement que les expressions de « non criminel » étaient synonymes de celles de sans intention criminelle, ou sans aucune intention de nuire et comportaient le même sens, que nous n'en trouverions aucune autre équivalente dans la loi précitée et que le prononcé nous semblait approcher davantage de la précision littérale de son texte...

«Des procédés aussi loyaux que désintéressés pourraient-ils nous rendre répréhensibles, à moins que, dans une mission où rien ne nous était familier que les idées d'impassibilité et de sûreté de notre ministère, on ne veuille gratuitement nous en prêter d'autres pour nous faire un crime d'une erreur (s'il en existe une) que nous aurions au surplus commise involontairement, non seulement sans présomption du mal, mais même avec la pure intention du bien... »

Ce long commentaire d'un maladroit jugement suffisait à démontrer que les pauvres jurés de la cour martiale de Brest n'étaient point des littérateurs accomplis et que les expressions avaient pu trahir leur pensée lorsqu'ils avaient pris la plume pour rédiger leur sentence. Ainsi, du moins, jugea Decrès. Il crut à la droiture de leurs intentions, il le dit et il fut assez heureux pour déterminer le gouvernement à se relâcher de ses rigueurs. Les sept officiers furent donc mis en liberté, sans toutefois, il est vrai, qu'on les réintégrât dans la marine, sauf un seul d'entre eux[1].

Cependant, il ne suffisait pas de décharger les jurés de toute accusation pour en finir avec Rivoire. Dans sa lettre du 22 avril, Decrès avait,

---

1. Lettre de Decrès à Caffarelli du 13 thermidor an X (1er août 1802) : « Le prononcé avait été tel que le gouvernement y voyait une provocation criminelle contre la République. Le gouvernement ne pouvait avoir d'autre manière de voir puisqu'il ne lisait que le texte du prononcé. Moi qui lisais dans le cœur de ceux qui l'avaient émis, je voyais pusillanimité de conscience, mais nullement intention d'attentat. A force de le dire, je suis parvenu à persuader qu'il n'y a eu que cela, et les jurés ont été mis en liberté. »

d'ailleurs, annoncé que le gouvernement se réservait de « suppléer à l'insuffisance de la législation ». Le moyen auquel le gouvernement s'était arrêté pour remédier au mal était simple. Il consistait à faire casser la sentence de Brest et à traduire Rivoire devant une nouvelle cour martiale.

Malheureusement il n'y avait pas « ouverture à cassation » contre les jugements des tribunaux militaires de terre et de mer, qui prononçaient toujours en dernier ressort. Était-ce vraiment une difficulté insurmontable? Il n'y parut pas. Dans tous les temps, les juristes ont fait preuve d'une fécondité d'imagination miraculeuse. Le tribunal de cassation, saisi de l'affaire, se déclara compétent. Il estima que la loi lui accordait le droit de connaître des excès de pouvoir commis par tous les juges quels qu'ils fussent, militaires ou civils, et il démontra que les membres de la cour martiale de Brest étaient précisément tombés dans cet excès, alors que sur la déclaration incohérente et contradictoire du jury, ils avaient acquitté Rivoire et ordonné sa mise en liberté.

Le jugement de Brest fut donc cassé, le 7 juin

1802, comme « illégal, contradictoire et nul »[1].
En conséquence Rivoire fut transféré à Rochefort pour y être jugé une seconde fois.

Une nouvelle instruction eut lieu, de nouvelles enquêtes furent faites, si bien que Rivoire attendit jusqu'au mois de février 1803 le moment de comparaître devant la cour martiale de Rochefort. On pourrait croire que les membres de ce tribunal, instruits par l'expérience et effrayés par la mésaventure de leurs collègues de Brest, firent preuve, dans leur sentence, d'une sévérité excessive. Il n'en fut rien. Ils déclarèrent Rivoire coupable. Néanmoins ils ajoutèrent qu'il n'était pas prouvé qu'il eût agi pour le compte des ennemis extérieurs de la France, et grâce à cette réserve la peine ne fut point le châtiment

---

[1]. Le jugement de cassation dit : « L'article 80 lui attribue le droit en même temps qu'il lui impose le devoir de dénoncer au tribunal de cassation tous les actes par lesquels les juges militaires comme les autres auront excédé les limites dans lesquelles leurs pouvoirs sont circonscrits par la loi... Cette déclaration illégale, contradictoire et comme non existante puisqu'elle est détruite par elle-même, puisque en affirmant et niant, elle n'affirme ni ne nie, et que conséquemment elle ne dit rien, ne déclare rien, d'où il résulte que les juges en prenant cette déclaration pour base de leur jugement ont outrepassé et excédé le pouvoir que la loi leur donnait et qui se bornait à prononcer sur une déclaration de jury légale. » C'est à Merlin que l'on doit cette sentence.

suprême. Rivoire, en effet, ne fut condamné qu'à la déportation, c'est-à-dire au bannissement à vie. Mais il fut sursis, par ordre du ministre de la justice, à l'exécution du jugement, et Rivoire fut maintenu dans la prison de Rochefort.

Il y était encore en août 1803 et il semble que les trente-deux mois de détention subis par lui jusqu'alors aient amolli son caractère et ébranlé son ardeur royaliste, car on trouve dans son dossier des Archives de la marine une lettre datée de cette époque (30 thermidor an XI, 17 août 1803) où il se montre beaucoup moins haineux pour la République et le Premier Consul qu'il ne le paraît dans son mémoire paru en 1814, au retour des Bourbons. « Ce n'est pas, dit-il dans cette lettre adressée à Decrès lui-même, ce n'est pas à un ministre du Premier Consul et à un homme d'esprit comme M. Decrès à me reprocher d'avoir été plutôt partisan d'un gouvernement que d'un autre. Si l'on me poursuit, ce ne peut donc être que comme ennemi, mais je n'ai aucune raison pour être l'ennemi particulier du Premier Consul, et le gouvernement actuel est si différent de ce qu'il était lors de mon arrestation et se rapproche si fort des principes dont on m'a fait un crime, que je ne vois pas quel motif on peut avoir pour continuer ma détention. Le Premier Consul est trop puissant pour craindre un parti aussi faible que l'est aujourd'hui le parti royaliste... » Après ce début où perce une certaine ironie, Rivoire finit par demander soit à reprendre son grade, soit à aller jouir de sa liberté dans tel endroit qu'on lui désignera. « Si je demande un emploi, ce n'est par aucun motif d'ambition, quoique je sois décidé à n'en pas accepter de subalterne; mais je regarderais le service comme un moyen de pouvoir vivre tranquille dans ma patrie en me rendant nécessaire au gouvernement. »

Sa soumission ne parut pas assez sincère pour qu'on fît droit à sa requête, et quelques jours plus tard, au lieu d'être banni de France, conformément à la sentence de ses derniers juges, il était conduit dans une prison d'État, celle du château de Lourdes.

Revenant sur ces faits dans son mémoire imprimé, le chevalier de Rivoire s'élève naturellement contre les dénis de justice dont il fut la victime. Il dénonce avec force l'arbitraire du jugement du tribunal de cassation, puisque les tribunaux maritimes jugeaient sans appel ; il flétrit en termes énergiques l'oubli qu'on a fait à son égard du principe *non bis in idem,* puisqu'il fut jugé deux fois pour un même fait ; et il ajoute enfin : « Cette comédie antijudiciaire n'avait qu'un but, celui de satisfaire la rage aveugle du tyran. »

Or, il y avait précisément un motif à cette « rage », et elle n'était point aussi « aveugle » que l'écrit Rivoire. Il raconte, en effet, d'où venait l'animosité de Bonaparte contre lui, et le récit qu'il donne, glissé à la fin de son mémoire, nous explique les causes de la persécution féroce et tenace dont il était l'objet. Voici ce qu'il nous apprend :

« Dans l'ouvrage publié par Lewis Goldsmith, malgré l'exactitude avec laquelle il a écrit ce qui m'est arrivé à Brest, on voit que Bonaparte se faisait de ma mort une affaire majeure ; il est très heureux pour moi qu'il s'y soit mal pris, car il était persuadé que tant que je conserverais la vie, la sienne n'était pas en sûreté. Dans les papiers qui étaient dans le portefeuille du général Lemercier-la-Vendée, on avait trouvé une proposition que j'avais faite dans le temps au général Georges pour le dissuader de mettre à exécution le projet de Saint-Régent et de le remplacer[1]. Georges et moi devions nous rendre à Paris, avec chacun quarante hommes affidés et déterminés, munis de passeports comme officiers de toutes armes et de tous grades. Le jour de l'arrivée à Paris eût été la veille de celui d'une grande parade dans le Carrousel. Le lendemain, à l'heure de la revue, nous nous serions tous rendus à cheval et bien armés aux Tuileries, et nous eussions attaqué tous à la fois l'usurpateur au milieu de ses troupes qui eussent regardé notre attaque comme un complot formé par les officiers de toute l'armée. Par ce moyen nous étions certains de faire périr Buonaparte, et comme il n'avait pas encore organisé son énorme garde, il était probable qu'à la faveur du désordre qui eût été la suite de cet événement et au moyen de marques de reconnaissance

---

1. Le projet en question est celui de la fameuse machine infernale qui fit explosion rue Saint-Nicaise, quelques instants après le passage du Premier Consul, le 24 décembre 1800. Saint-Régent et Carbon, agents de Georges Cadoudal, furent pris et exécutés.

que nous aurions eues entre nous, nous aurions non seulement sauvé notre vie pour la plupart, mais encore nous eussions poussé la tentative, pour nous saisir de l'autorité, aussi loin que les circonstances l'eussent permis. Ce plan, qui était accompagné de plusieurs particularités et détails d'exécution, avait plus effrayé Buonaparte qu'aucune des tentatives faites contre lui, et quoiqu'il ne fût pas écrit de ma main, la police était persuadée, ainsi que lui, que j'en étais l'auteur. »

Après cet aveu, on comprend davantage le ressentiment du Premier Consul contre Rivoire et l'on s'explique mieux tous les malheurs qui lui advinrent : et la double poursuite devant les cours de Brest et de Rochefort, et son emprisonnement à vie dans une prison d'État. Ce conspirateur avéré était tout naturellement destiné à cette fameuse *justice administrative* en vigueur pendant les périodes troublées où le régime de l'arbitraire ne connaît guère de frein. Charles Nodier, qui fut, lui aussi, emprisonné sous le Consulat, prétend que « Napoléon s'excusait de la violation du dogme social de la liberté individuelle en assurant qu'il ne l'avait tolérée qu'à l'égard de vingt-six personnes ». Rivoire était-il du nombre ? On pourrait le croire.

Il était enfermé depuis quatre ans environ dans les cachots de Lourdes, lorsque sa femme, aidée par l'ambassadeur de Russie en Espagne, le baron de Strogonoff, parvint à le faire évader. Les circonstances de cette évasion sont assez curieuses pour être reproduites d'après les récits mêmes de Rivoire. Elles ont un parfum à la Monte-Cristo qui les rend fort attrayantes.

« Vers la fin de 1806, raconte-t-il, on employa un grand nombre d'ouvriers à renforcer le donjon où Bonaparte avait décidé que je finirais mes jours. Non content de ses cachots, de ses grilles et de ses verrous, le commandant ordonna que toutes les quatre heures pendant le jour, et toutes les deux heures pendant la nuit, un caporal de garde et deux hommes vinssent visiter mes barreaux, examiner ma chambre, et s'assurer que je ne faisais aucune tentative d'évasion. Cet ordre, fruit d'un excès de précaution, dont l'effet réel fut de m'empêcher de dormir pendant la nuit, me procura l'avantage de me mettre en liaison avec les soldats de la garnison, jeunes conscrits sortant de chez leurs parents, et qui n'avaient pas été assez longtemps à l'école du crime pour avoir perdu tous sentiments d'humanité et d'honneur.

« D'un autre côté, mon épouse qui était en ville, et avec laquelle, malgré les défenses du commandant, je me procurais les moyens de communiquer de temps en temps, parvint à gagner quelques-uns des ouvriers employés à travailler dans ma tour. Nous nous concertâmes pour mon évasion; elle me procura de l'opium, destiné à endormir mes gardes quand il en serait temps; les ouvriers fabriquèrent les fausses clefs nécessaires pour parvenir jusqu'à moi, et nous résolûmes d'en profiter pour ma fuite, dès la première nuit de pluie. Depuis quelques mois j'avais accoutumé les soldats à boire un petit verre de liqueur ou d'eau-de-vie chaque fois qu'ils venaient la nuit dans ma chambre, et ils en avaient si bien pris l'habitude qu'ils regardaient cela comme une rente obligée. Le 18 octobre 1806 était un jour de grande foire à Lourdes; le maire de la ville, curieux de se pavaner devant les paysans des montagnes au milieu d'une troupe de soldats, avait demandé qu'on lui accordât, pour ce jour, la garnison du château, ce qu'il obtint, à la réserve des hommes de garde; le temps était affreux, la pluie tombait à torrents, les soldats ne pouvant rester à découvert sur la place, passèrent la journée au cabaret et s'y enivrèrent complètement. Mon épouse m'envoya sur ces entrefaites un des ouvriers qu'elle avait gagné, et qui vint dans ma tour sous le prétexte de prendre ses outils, mais, dans le fait, pour me prévenir que ce serait à minuit que l'on viendrait me délivrer, et que j'eusse à mettre la garde hors d'état de s'y opposer. Je fis alors venir le caporal qui devait monter la garde à midi et, lui donnant l'argent nécessaire, je lui dis qu'ennuyé de n'avoir que de l'eau-de-vie, je le chargeais de m'acheter à la foire une bouteille de liqueur fine, que nous entamerions lors des rondes de nuit. Cet homme ne manqua pas d'exécuter ma commission, et il m'apporta une bouteille bien bouchée, et couverte d'une coiffe de parchemin; j'avais depuis plusieurs jours fait dissoudre de l'opium dans de l'eau-de-vie, en calculant que cette quantité ne donnât que trois grains d'opium par petit verre de liqueur sur une bouteille. A peine le caporal fut-il sorti de ma chambre que je mouillai la coiffe de parchemin de la bouteille et, après l'avoir ôtée, je débouchai et je retirai une certaine quantité de liqueur, que je remplaçai par une dissolution d'opium, et j'agitai bien le tout pour le mêler. La liqueur qui en résulta était un peu moins sucrée qu'auparavant, et le goût de l'opium, corrigé par celui du sucre, imitait celui des amandes amères ; je rebouchai la bouteille bien exactement, telle qu'elle était quand on me l'avait apportée, et je la remis à la même place que le caporal l'avait laissée.

« A dix heures du soir, époque de ma première visite de nuit, j'étais déjà couché, lorsque le caporal entra suivi de ses deux soldats. La liqueur ne fut pas oubliée, chacun en prit deux petits verres ; seulement, quand ce fut à mon tour, je feignis de boire et je laissai tomber la liqueur dans mon lit : « Il ne serait pas juste, « dis-je ensuite, que la sentinelle et l'autre « homme de garde n'en goûtassent pas aussi. » Le caporal trouva que j'avais très raison, et envoya ses deux hommes relever les autres qui étaient en bas, et qui vinrent aussi prendre leur dose de six grains d'opium, après quoi ils se retirèrent tous très contents. Il y avait au pied de la tour, à côté de la guérite, une grosse cloche sur laquelle la sentinelle répétait l'heure ; l'opium n'avait pas encore produit son effet : à onze heures personne ne frappa la cloche et je me hâtai de me rhabiller pour être prêt à partir quand mes libérateurs viendraient. A minuit, même silence à la cloche ; tout le monde, excepté moi, était profondément endormi dans le château ; il n'avait cessé depuis le matin de tomber de la pluie par torrents, accompagnée du vent le plus violent. Bientôt après j'entendis des clefs remuer dans la serrure du bas de la tour ; je pensai d'abord que ce pouvait être la garde qui venait faire sa seconde ronde de nuit ; mais je fus bientôt désabusé par la lenteur et le tâtonnement que l'on mettait à ouvrir cette porte et j'éprouvai pendant quelque temps des angoisses inexprimables, dans la crainte que le bruit que faisaient mes amis, en s'efforçant de crocheter la serrure, ne vînt à donner l'alarme dans le château. Ils avaient dû escalader les palissades extérieures, un premier mur, gravir le rocher, enfoncer la porte de secours, et ouvrir ensuite les serrures pour parvenir jusqu'à moi. Le château de Lourdes est place frontière ; s'ils eussent été pris en flagrant délit, ils eussent tous été fusillés sur-le-champ. Cette idée et les difficultés qu'ils rencontrèrent à l'exécution de leur projet le leur eussent fait abandonner, si mon épouse, habillée en homme, n'eût continuellement excité leur courage. Timide comme une colombe en toute occasion, elle avait trouvé pour me sauver un courage surnaturel.

« Enfin, après plusieurs années de captivité, de vexations et de cruautés de tout genre, les portes de ma prison furent ouvertes ! »

Aussitôt libre, Rivoire passa en Espagne ; il y entra le 1er janvier 1807, puis il se rendit en Portugal, d'où il gagna Londres.

L'accueil qu'il reçut des princes et des émigrés le consola, dit-il, de tout ce qu'il avait souffert. On lui promit qu'à la restauration future, on le paierait de son dévouement. Et il attendit les événements. Pendant quatre ans il demeura en Angleterre sans être pourtant guéri de sa manie d'intrigues, comme on le verra tout à l'heure. A la fin de 1810, inquiet de la santé de son père, il voulut revenir à Lyon pour le revoir. Parti de Gravesend le 1ᵉʳ novembre, il débarqua le 5 en Hollande et fut arrêté le 7, ayant été trahi, à ce qu'il présuma, par ceux qui lui avaient vendu des passeports français.

Une nouvelle captivité allait donc commencer pour lui. Conduit à Paris le 16 novembre 1810, il fut incarcéré et mis au secret à la prison de la Force, puis transféré d'abord à Vincennes, ensuite au château de Ham et enfin à Rouen.

Il dut attendre la Restauration de 1814 pour être délivré : le 9 avril, l'autorité royale ayant été reconnue à Rouen, le préfet rendit la liberté à celui qui avait si ouvertement travaillé pour la cause royale pendant le règne de « l'Usurpateur ». Pourtant l'infortuné n'était pas encore au bout de ses tribulations! Confiant dans la parole du comte d'Artois, fort de l'amitié des plus hauts personnages du royaume, il crut alors, sous le gouvernement de Louis XVIII, obtenir un ample dédommagement de ses peines. On ne lui accorda rien. Quelques amis puissants s'entremirent en sa faveur. Ce fut en vain. Sur un rapport dressé par la direction du personnel de la marine, on trouve écrit, à la date du 27 décembre 1814, cette annotation péremptoire : « Lui répondre que le Roi ne veut accueillir aucune de ses demandes. »

Il est vrai que les premières sollicitations de celui qui s'appelait lui-même « ex-commandant des royalistes de Brest » étaient un peu exagérées : il prétendait devoir être nommé chef d'escadre, bien qu'il n'eût jamais servi que comme aspirant et comme enseigne, mais c'était, disait-il, le grade auquel étaient parvenus ses camarades qui avaient pris parti pour la Révolution.

Cependant, plus tard, ayant réduit peu à peu ses prétentions, ne demandant plus qu'un emploi pour vivre, il ne reçut pas meilleur accueil. Alors il se fit humble, il implora la pitié, il écrivit lettres sur lettres au comte Ferrand, ministre de la marine, au comte de Blacas, ministre de la maison du Roi, à Malouet, à tous les gens en place qu'il connaissait. Aux uns et aux autres il exposa les services qu'il avait rendus à la cause royale, les souffrances qu'il avait endurées, les dangers qu'il avait courus. « Le Roi, disait-il, le 16 janvier 1815, est maître de ses faveurs, mais c'est la justice que je sollicite... » Tout ce qu'il obtint ce fut un secours de 200 fr. sur la cassette de Monsieur. Jamais on ne voulut lui conférer ni grade ni pension de retraite. Louis XVIII resta sourd aux requêtes nombreuses et pressantes qu'on lui adressait pour faire réintégrer Rivoire dans la marine. Le roi de France persistait à ne pas se souvenir des promesses de son frère, le comte d'Artois, et la sécheresse de ses refus paraissait fort singulière aux personnages qui s'employaient en faveur de Rivoire...

Un rapport de police du 15 juillet 1814 donne la clef de ce mystère : il nous apprend, en effet, que Rivoire, venu en France clandestinement dans le mois de juin 1808, sous le nom de Panoni, avait offert ses services à Fouché, — qui les avait acceptés et qui, dès lors, reçut de lui des rapports circonstanciés sur les princes émigrés. Voici comment s'exprime ce rapport de police, du 15 juillet 1814, signé du comte Beugnot : « M. de Rivoire était arrivé à Boulogne sur un petit bateau qu'il manœuvrait lui-même pour venir offrir ses services à la police. Ses offres furent acceptées par M. le duc d'Otrante qui le fit repasser en Angleterre par la voie de Flessingue. Le commissaire général de police d'Anvers reçut ordre de faciliter ses relations avec le ministre. » C'est ainsi qu'en marge de l'une de ses innombrables requêtes on put écrire cette phrase significative : « Agent de la police du dernier gouvernement, il est sous tous les rapports indigne des grâces du Roi. »

Ainsi Rivoire, traître à sa patrie, l'était aussi à son Roi. Il ne doit pas être rangé parmi ces serviteurs dévoués de la monarchie, ces partisans généreux qui, fidèlement attachés à la cause royale, se compromettaient pour elle au péril de leurs jours. Il n'avait que l'âme d'un intrigant fieffé, d'un aventurier prêt à se vendre au plus offrant.

Mais Fouché — chose à peine croyable — fut joué par Rivoire. Tout en faisant consciencieusement son métier d'espion, celui-ci profitait des bateaux employés aux communications secrètes pour introduire en France des marchandises prohibées. Instruit de cette intrigue, le ministre de la police générale fit cesser toute correspondance avec lui. Et quand Rivoire revint sur le continent en 1810, sous le prétexte avoué de voir son père, mais, en réalité, pour rétablir ses relations avec la police, il ne fut point entendu : on se hâta de le jeter en prison. Il y resta, comme on l'a vu, du 16 novembre 1810 au 9 avril 1814.

Il mourut misérablement le 7 octobre 1815. La *Biographie universelle* (supp. I, 79) raconte que Rivoire reçut jusqu'à sa mort, survenue en 1829, une pension de l'Angleterre, pension même assez importante. C'est une double erreur. D'abord il n'a pas vécu jusqu'en 1829. Ensuite, il a si peu été à la solde de l'Angleterre, que vers la fin de sa vie sa détresse était profonde. Le 4 octobre il implorait encore un secours au ministre de la marine, disant qu'il était sans moyens d'existence et couvert de dettes. La lettre est écrite d'une autre main que la sienne. Seule, la signature est de lui, mais elle est toute tremblée et presque illisible. Enfin, on trouve dans son dossier de la marine un document ainsi libellé : État des dépenses faites pour l'enterrement de M. de Rivoire de Saint-Hippolyte, décédé le 7 octobre 1815 à midi, et porté en terre le 8 à midi. Or, les dépenses avaient été payées par un de ses amis, qui dut aussi régler les frais causés par sa maladie. Il est donc mort très misérable. Inutile de mettre sur le compte de ce malheureux une vilenie de plus.

NAPOLÉON ET LA MARINE

En 1784, un inspecteur des écoles militaires, qui avait examiné à Brienne un élève du nom de Napoléon Buonaparte, s'exprimait ainsi sur son compte : « Caractère soumis, honnête, reconnaissant, conduite très régulière ; s'est toujours distingué par son application aux mathématiques, connaît bien son histoire et sa géographie ; fera un excellent officier de marine. »

Cet inspecteur était mauvais prophète. Le jeune Corse qui étudiait alors à Brienne ne devait pas être marin ; mais, par une singulière coïncidence, il allait pourtant recevoir le baptême du feu et tirer son premier coup de canon dans une expédition maritime, expédition assez insignifiante du reste, entreprise contre l'îlot de la Maddalena, au nord de la Sardaigne, dans le mois de février 1793.

Napoléon garda le souvenir de ce très petit fait

d'armes, qui le mit en contact pour la première fois avec la flotte militaire. On s'est plu à répéter qu'il n'avait jamais aimé la marine, qu'il n'avait eu que peu de sympathie pour les marins. Cette assertion dénature la vérité et semble, en même temps, faire injure au génie de l'homme extraordinaire qui a rempli le monde du bruit de ses conquêtes. Pouvait-il méconnaître l'utilité d'une flotte de guerre, lui qui ne poursuivit d'autre rêve que la suprématie de la France et qui n'eut jamais de plus implacable ennemie que l'Angleterre ? A défaut d'autres raisons, le souci de son ambition lui commandait d'avoir une marine imposante. Or, il savait mieux que personne que les marines comme les armées, pour être prospères, doivent être entourées de la sollicitude, de l'affection même de ceux qui ont assumé la mission de conduire les destinées des peuples. Si les cruels mécomptes qu'il éprouva sur mer lui firent parfois juger sévèrement les amiraux qui dirigeaient ses escadres, il n'est pas juste de prétendre qu'il se désintéressa de la marine.

Dès le début de sa prodigieuse carrière, quand il n'était encore que le général victorieux à Arcole et à Rivoli, il employait une partie des contributions de guerre levées en Italie, soit à subvenir aux besoins de la flotte de Brueys qui opérait dans l'Adriatique, soit à envoyer des fonds au port de Toulon, qui, dénué de tout, de matériel, de vivres et d'argent, se trouvait dans l'impossibilité de verser au personnel de la marine les arriérés de solde qu'on lui devait. De ce fait, le conquérant de l'Italie s'était acquis la plus grande popularité dans l'escadre toulonnaise. L'ordonnateur de la marine lui adressait ses remerciements sur un mode dithyrambique : « Tout ce qui intéresse la prospérité et la gloire de votre pays est fait pour exciter votre noble zèle et votre nom, déjà illustre sur terre par tant d'exploits, sera encore associé au succès de nos armées sur mer. Nos forces navales, qui vous devront leurs principaux moyens d'activité, seront peut-être assez heureuses pour les consacrer à seconder la marche triomphante de votre armée. Quel plus doux emploi de ces moyens pour nos marins ! Quelle manière plus digne d'eux de vous marquer leur reconnaissance[1] ! »

---

1. Lettre de l'ordonnateur Najac au général Bonaparte, du 13 vendémiaire an VI (4 octobre 1797).

Quand Bonaparte vint à Toulon en 1798 pour s'embarquer sur l'*Orient,* qui devait le conduire en Égypte, il fut plein de prévenance pour les officiers et capitaines de l'escadre et il les assura de la confiance qu'il avait en eux. C'est à dater de ce jour qu'il prit une part effective au règlement de questions maritimes. On le vit alors entrer dans le détail de l'armement et de l'approvisionnement des vaisseaux de l'expédition, fixer lui-même le nombre de passagers pour tel ou tel navire, instituer des exercices nautiques que les soldats devaient exécuter au cours de la traversée. Et comme sa merveilleuse intelligence pouvait s'appliquer aux conceptions les plus diverses, on le vit encore soumettre ou appuyer de ses réflexions « des plans et des notes » pour trente pontons de débarquement, « l'esquisse de petits bateaux portant des pièces de 12 », enfin « le mémoire et le projet d'une petite corvette démontable en huit parties, pour pouvoir être transportée par terre sur huit diables[1] ».

---

1. Lettres de Bonaparte à la Commission d'armement des côtes de la Méditerranée du 10 germinal an VI. La corvette reçut le nom de *Ligurienne*. Les vicissitudes de l'armée d'Égypte ayant

Après le fatal désastre d'Aboukir, Bonaparte ne récrimina point contre l'amiral vaincu dont la défaite compromettait si gravement la situation et, en annonçant lui-même à Mme Brueys la mort de son mari, il trouvait d'affectueuses paroles pour apaiser sa douleur [1].

Devenu Premier Consul, Bonaparte s'occupa de la marine avec une sollicitude de tous les instants. N'était-ce pas la marine qui pouvait assurer l'existence de cette armée d'Égypte reléguée si loin de la mère patrie et dont le sort lui causait de justes craintes ? N'était-ce pas la marine qui pouvait lui permettre d'atteindre l'Angleterre, restée son unique ennemie depuis que l'Autriche avait mis bas les armes ? Les mouvements des escadres envoyées en Égypte furent réglés par lui, et quant à la flottille réunie à Boulogne pour opérer une descente en Angleterre, personne n'ignore qu'elle fut l'objet de ses plus vives préoccupations. Il en fit, à proprement parler, sa chose, se multipliant pour faire

---

fait renoncer au projet de passer dans l'Inde, cette corvette ne fut point envoyée dans le Levant et fit le service naval concurremment avec les autres corvettes du port. Elle fut prise par les Anglais dans le golfe de Lion le 20 mars 1800.

1. Voir le chapitre précédent intitulé : *Brueys à Aboukir*.

aboutir son projet, l'étudiant jusque dans les moindres détails et la poursuivant encore avec la même ardeur pendant les quelques mois de trêve qui suivirent la signature de la paix d'Amiens.

Les instructions qu'il remit à Latouche-Tréville en lui confiant le premier commandement de la flottille se ressentaient de la confiance qu'il avait dans le succès final, succès qu'il définissait ainsi : « La vengeance de six siècles d'insultes et de honte. »

Les échecs qu'éprouva Nelson à deux reprises devant Boulogne lui firent bien augurer de l'avenir. Latouche-Tréville s'acquit ainsi des titres décisifs à sa reconnaissance, et plus tard il reçut de lui cette lettre toute pleine de promesses : « Je vous ai nommé grand officier de l'Empire ; mais je désire que l'opération que vous allez entreprendre me mette à même de vous élever à un tel degré de considération et d'honneurs, que vous n'ayez plus quoi que ce soit à désirer[1]. » Rien ne fut épargné par Napoléon pour rendre la flottille aussi puissante, aussi nombreuse que

---

1. Lettre à Latouche-Tréville du 2 juillet 1804.

possible. Dans tous les ports de guerre ou de commerce, même à Paris, il fit construire avec une activité sans pareille les dix-huit cents bateaux et chaloupes qui lui étaient nécessaires pour jeter son armée d'invasion sur le sol britannique ; d'Anvers, il fit un arsenal de premier ordre ; entre Étaples, Boulogne, Vimereux et Ambleteuse, il creusa de nouveaux ports ; et tandis que ces travaux s'achevaient, il rassemblait ses légions dans les villes ou villages voisins, transformés en camps de mobilisation.

C'est alors qu'il tente la réalisation du plus grandiose et du plus admirable plan que jamais il ait conçu : trois flottes devront quitter Toulon, Rochefort et Brest, et courir aux Antilles pour revenir ensuite en Europe, pendant que les Anglais alarmés et surpris lanceront de toutes parts leurs escadres à la poursuite des nôtres, et laisseront ainsi la Manche libre : « Que nous soyons maîtres du détroit pendant six heures, et nous serons les maîtres du monde », répète-t-il souvent.

Ce plan échoue par la faute de Villeneuve qui se montre d'une irrésolution navrante et qui perd son temps sur la côte d'Espagne. L'Empereur, au comble de l'indignation, veut traduire cet amiral indolent en conseil de guerre. Du reste, Villeneuve n'est pas alors le seul chef de la flotte qui donne à Napoléon de graves sujets de mécontentement. Dans les lettres au ministre de la marine, la colère de l'Empereur éclate souvent. De Linois, le vainqueur d'Algésiras, qui a certain jour manqué de décision dans l'Inde, il dit « qu'il a rendu le pavillon français la risée de l'Europe »; du capitaine Larue, ancien officier du *Muiron*[1], qui a fait preuve de faiblesse, il dit qu'il a été misérable. « C'est l'honneur, affirme-t-il, que je veux qu'on conserve, et non quelques morceaux de bois et quelques hommes »; puis il ajoute cette phrase où tout son caractère se révèle : « Je suis extrêmement surpris qu'un homme qui a pu approcher de moi un instant ait pu si mal se conduire. »

Mais ce sont colères rapides, emportements passagers, qui n'altèrent pourtant pas l'estime de Napoléon pour sa flotte. Lorsqu'il envoie à Villeneuve, réfugié au Ferrol, un second plan de

---

1. Le *Muiron* avait ramené Napoléon d'Égypte.

campagne destiné à suppléer au premier, il lui fait tenir par Decrès un langage qui n'est pas celui d'un maître courroucé : « Sa Majesté veut éteindre la circonspection qu'elle reproche à ses marins... Elle compte pour rien la perte de ses vaisseaux si elle les perd avec gloire... Elle vous ordonne d'attaquer des forces inférieures. L'Empereur vous prescrit de tout faire pour inspirer ces sentiments à ceux qui sont sous vos ordres, par vos actions, vos discours, et par tout ce qui peut élever les cœurs. Rien ne doit être négligé à cet égard : encouragements de toute espèce, actions hasardeuses, ordres du jour qui portent l'enthousiasme, tout doit être employé pour animer et exalter le courage de nos marins. Sa Majesté veut leur ouvrir toutes les portes des honneurs et des grâces, et ils seront le prix de tout ce qui sera tenté d'éclatant[1]. »

Bien plus, Napoléon écrit lui-même à Villeneuve, et rien ne trahit le mécontentement qu'il a pu éprouver. Il faut citer cette lettre, dont les termes si pressants sont faits pour émouvoir : « Si vous paraissez ici trois jours, n'y paraîtriez-

---

1. Lettre de Decrès du 13 août 1805.

vous que vingt-quatre heures, votre mission sera remplie. Enfin, jamais pour un plus grand but une escadre n'aura couru quelques hasards et jamais mes soldats de terre et de mer n'auront pu répandre leur sang pour un plus grand et plus noble résultat. Pour le grand objet de favoriser une descente chez cette puissance qui, depuis six siècles, opprime la France, nous pourrions tous mourir sans regretter la vie. Tels sont les sentiments qui doivent vous animer, qui doivent animer tous nos soldats. »

Neuf jours après cette lettre, c'est-à-dire le 22 août 1805, Napoléon, voyant que Villeneuve s'immobilise à Cadix, se laisse aller à la colère. Il écrit à Decrès que Villeneuve est un homme « sans résolution et sans courage moral », puis il ajoute : « Quand la France aura deux ou trois amiraux qui veuillent mourir, les Anglais seront bien petits. » Mais c'est seulement Villeneuve qu'il vise alors, c'est son hésitation qu'il réprouve, car au même moment il écrit à Ganteaume, à Brest, une lettre qui ne respire pas la moindre animosité contre la marine ou les marins.

Trafalgar vint porter à l'Empereur un coup

terrible, d'autant plus terrible qu'il en reçut la nouvelle au cours de sa plus belle campagne, le lendemain de la capitulation d'Ulm, la veille de son entrée à Vienne, quelques semaines avant Austerlitz. « Ce revers, on l'a dit, fatigua son génie et lassa sa constance : il détourna ses yeux du seul champ de bataille où la fortune lui eût été infidèle[1] », et, décidé à poursuivre l'Angleterre ailleurs que sur les mers, il adopta alors sa politique du Blocus continental. De la bataille elle-même, il voulut qu'on gardât le silence, et il en donna l'exemple : dans le message qu'il adressa au Sénat au retour de sa triomphante campagne, il n'accusa que la tempête de la perte de quelques vaisseaux. Quel était le motif de cette réserve inaccoutumée? était-ce l'héroïsme qui s'était dépensé dans cette journée fatale et qui avait sauvegardé l'honneur de nos marins? On pourrait le supposer, car lorsque l'Empereur reçut à Saint-Cloud, devant toute sa cour, les deux plus glorieux marins de l'escadre, Lucas et Infernet, capitaines du *Redoutable* et de l'*In-*

---

1. Jurien de la Gravière, *Guerres maritimes sous la République et l'Empire* (2ᵉ volume).

trépide, il leur prodigua des égards touchants, et il voulut attacher de ses mains les insignes de commandant de la Légion d'honneur qu'il leur remettait.

Mais s'il rendait justice à la bravoure de ses équipages, il avait perdu confiance dans leur valeur professionnelle ; témoin cette lettre du 26 avril 1806, où il dit : « Je vois tant de bêtises que je n'ose plus mettre de vaisseau à la mer ; il n'y a pas un homme de sens pour le commander. » Et il faudra attendre deux ans, deux ans employés par nos escadres à de continuels exercices sur les rades, pour que Napoléon ose reprendre les plans des grandes expéditions dont son esprit était hanté : expéditions en Perse, à Saint-Domingue, à la Guadeloupe, à Cayenne, à l'Ile de France et même en Égypte. « Le concours de ces opérations, écrit-il le 13 mai 1808, portera l'épouvante à Londres. Une seule, celle de l'Inde, y fera un horrible mal. L'Angleterre n'aura alors aucun moyen de nous inquiéter... »

Les guerres continentales empêchèrent tous ces projets de se réaliser. Mais comme dans ces guerres Napoléon ne poursuit, directement ou indirectement, qu'un seul but, l'écrasement de l'Angleterre, il ne cesse de songer à la marine.

Il veut qu'on exerce les marins, qu'on approvisionne les ports, qu'on édifie des navires. Il veut que les flottes chargées par l'ennemi de surveiller nos côtes et de bloquer nos rades sentent grossir et s'agiter les forces qui leur sont opposées. Pendant l'été nos escadres, nos flottilles seront en état d'appareillage constant; elles passeront d'un port à l'autre et « feront le jeu de barres », tiendront l'Angleterre en haleine et « la mettront sur les dents ». Et quand ses ministres, ses agents lui laisseront entendre que certaines difficultés s'opposent à ses projets, il leur ripostera : « Pour réussir, il n'y a pas besoin d'être Dieu, mais de vaincre les obstacles et de partager ma volonté, qui est forte. »

« Dans tous ses ports, dit M. Albert Vandal[1], dans toutes ses rades, dans l'estuaire de tous ses fleuves, il presse les armements, pousse les constructions, dispose peu à peu des flottes de combat et de transport et ces levées nouvelles qu'il emploiera contre la Russie, si la rupture a lieu,

---

1. *Napoléon et Alexandre Ier*. (Plon, éditeur.)

il préfère les ranger en imagination sur le bord des côtes, prêtes à prendre la mer, à se transformer en multiples armées de débarquement. Il veut une de ces armées à l'embouchure de l'Escaut, une à Boulogne, une à Cherbourg, une en face de la Sicile, la plus forte à Toulon. « C'est « là mon plan de campagne pour 1812, écrit-il à « Decrès dès 1810. »

Les flottes ne quittèrent point nos rivages et Napoléon ne connut pas ces victoires d'outre-mer qui furent le rêve continuel de sa vie. Mais sa sollicitude pour la marine ne diminua pas; il s'appliqua à améliorer nos côtes qui se couvrirent de sérieux ouvrages de défense et qui s'enrichirent de nouveaux ports, témoin celui de la Spezia dont il avait deviné l'importance et dont il jeta les premiers fondements, témoin encore celui de Cherbourg où « il avait résolu de renouveler les merveilles de l'Égypte ».

Cherbourg, par sa position privilégiée au cœur de la Manche, en face même de Portsmouth, fut naturellement l'objet des soins les plus attentifs de Napoléon. Peu de temps après la naissance du roi de Rome, au mois de mai 1811, il y conduisit l'Impératrice; cette visite occasionna des fêtes officielles dont un témoin oculaire, l'enseigne de vaisseau Leconte, a fait un récit qu'il n'est pas sans intérêt de reproduire pour donner une idée des sentiments de l'Empereur à l'égard de sa flotte :

« Les travaux du port, raconte cet officier, se poussaient alors avec activité. Toutes les classes de la société dans cette petite ville jouissaient d'un bonheur inconnu et nouveau. Tout ce bien-être se rapportait à l'Empereur : aussi fut-il reçu avec les acclamations de la population, pour laquelle il se montra bon, simple, comme il savait l'être quand il était content. Parmi ce peuple enthousiasmé, il parut se plaire ; il se promenait presque sans suite. Souvent Marie-Louise, de son côté, se donnait cette liberté sans étiquette. Presque tous les jours l'Empereur venait visiter en rade, soit les forts, soit les bâtiments de l'escadre.

« La première visite aux vaisseaux eut lieu le lendemain de son arrivée. Le temps était calme, mais il tombait une pluie continuelle et battante. L'Impératrice et toute sa cour l'accompagnaient. Il commença par le *Courageux,* vaisseau commandant sur lequel je me trouvais.

« Officiers et aspirants, l'épée nue à la main, nous étions tous rangés sur le gaillard d'arrière. L'Empereur, en habit vert de chasseur à cheval, parut sur le pont le chapeau à la main. D'un pas rapide il passa devant nous en disant : *Bonjour, mes enfants ; je viens vous voir de bien mauvais temps.* Il entra de suite dans la chambre du commandant, suivi de l'Impératrice et de sa suite. Peu d'instants après, malgré la pluie qui était presque torrentielle, il passa l'inspection de l'équipage. Il avait l'air satisfait de voir tous ces vieux matelots usés par la fatigue de la mer. Il décora de sa main le premier maître d'équipage, fit monter dans les mâts les jeunes novices et fit donner à chacun d'eux une gratification.

« Marie-Louise, qui habituellement était mise avec beaucoup de simplicité, avait ce jour-là une toilette digne de son rang : sa robe était de velours cramoisi, brodée en or. Quoique mouillée par la pluie, elle était joyeuse et riait aux éclats ; ses dames d'honneur renchérissaient sur cette gaieté.

« L'Empereur et l'Impératrice descendirent dans la batterie basse. Il me semble encore que je vois Napoléon s'approcher de sa femme, la prendre dans ses bras, la conduisant près d'un sabord et lui disant joyeusement : *Veux-tu que je te jette à la mer? — Fais, si tu veux,* répondit-elle. Il lui dit ensuite : *Je veux entendre de près cette belle détonation d'artillerie qui tout à l'heure t'a fait tressaillir. Tu n'auras pas peur, n'est-ce pas? — Oh! non!*

« Les dames qui étaient là poussèrent malgré elles des cris de frayeur quand nos quatre-vingts canons ouvrirent le feu à la fois[1]. »

Quand les revers vinrent assombrir les dernières années de l'Empire, les marins, descendus de leurs vaisseaux pour combattre dans les rangs de la Grande Armée, gagnèrent par leur courage, par leur discipline et par leur valeur de nouveaux titres à l'estime de Napoléon. Le corps des marins de la Garde, créé en 1803 et réorganisé en 1809, se distingua particulièrement au cours des guerres d'Espagne, de Russie, de Saxe et de France : aussi l'Empereur emmena-t-il avec lui, à l'île d'Elbe, vingt et un de ces vaillants serviteurs.

---

1. *Mémoires pittoresques d'un officier de marine,* par Leconte, 1er volume.

Tout prouve donc que les marins ne furent point dédaignés par l'Empereur, qu'il sut apprécier leur mérite et leur dévouement et qu'il ne manqua pas de leur témoigner sa reconnaissance. La marine lui tenait à cœur. Il n'écouta point les conseils de ceux qui, découragés par Aboukir et Trafalgar, ne parlaient que d'abdiquer sur mer. Il crut toujours au rôle de la France comme puissance maritime. Mais, instruit par une dure expérience, il comprit qu'une marine ne s'improvise pas ; il entreprit donc de reconstituer méthodiquement ses forces navales, et vers la fin de son règne, il avait réussi à doter la France d'une flotte solide, qui n'attendait qu'un signal pour reprendre avec ardeur les traditions interrompues de la grande guerre navale. Jusqu'à son dernier jour de pouvoir, il combina de vastes plans maritimes. Sur la frégate anglaise qui l'emmena à l'île d'Elbe, il énuméra au capitaine Ussher les vaisseaux qu'il avait dans ses ports, disant que, trois ans plus tard, il aurait eu des escadres assez fortes pour anéantir la puissance de l'Angleterre.

Quand on réfléchit aux vicissitudes de la marine de Napoléon, on ne peut s'empêcher de reconnaître que ce sont les marins éminents, les grands chefs d'escadre qui lui ont surtout fait défaut. Si, au lieu d'un Villeneuve pour commander sa flotte de Trafalgar, il avait eu un Latouche-Tréville ou, comme il le disait lui-même, un Suffren, les choses auraient sans doute changé de face. A ce sujet on ne peut que déplorer l'influence de Decrès « le pire des ministres », a-t-on dit de lui, qui par jalousie peut-être, par maladresse tout au moins, ne dicta jamais que des choix médiocres à son souverain. Napoléon finit par s'en rendre compte lui-même. Lorsqu'il vint à Rochefort en 1815 pour rejoindre le *Bellérophon*, il rencontra un vétéran glorieux des guerres de la Révolution, l'amiral Martin, alors âgé de soixante-trois ans et très vert encore, malgré son admission à la retraite : « Comme on m'a trompé, lui dit-il tristement, sur vous et sur l'état de votre santé ! J'ai voulu vous nommer au commandement de l'armée navale à la place de Villeneuve, mais Decrès m'en a dissuadé. En 1810 j'ai encore cédé à ses instances en vous retirant la préfecture de Rochefort et en vous condamnant à l'inactivité. Je le regrette amèrement. »

A Sainte-Hélène, Napoléon revint souvent sur l'insuffisance de ses chefs d'escadre. Un jour il prononça ces paroles, qui doivent servir de conclusion à cette trop rapide étude : « J'ai passé tout mon temps à chercher l'homme de la marine sans avoir jamais pu le rencontrer. Il y a dans ce métier une spécialité, une technicité qui arrêtaient toutes mes conceptions... Sous mon règne, il n'a jamais pu s'élever dans la marine quelqu'un qui s'écartât de la routine et qui sût créer. J'aimais particulièrement les marins, j'appréciais leur courage, j'estimais leur patriotisme ; mais je n'ai jamais pu trouver entre eux et moi d'intermédiaire qui sût les faire agir et les faire mériter... Ah ! pourquoi Suffren n'a-t-il pas vécu jusqu'à moi, ou pourquoi n'en ai-je pas trouvé un de sa trempe ? J'en aurais fait notre Nelson, et les affaires eussent pris une autre tournure. »

UN MINISTRE D'AUTREFOIS

C'est de M. le baron d'Haussez, titulaire du portefeuille de la marine dans le cabinet Polignac en 1829, qu'il est ici question. La publication de ses *Mémoires* a remis dernièrement son nom en évidence et l'a rappelé à beaucoup de nos contemporains. L'occasion est donc favorable pour parler de lui.

Royaliste de cœur, ayant trempé dans la conspiration de Georges, il avait toujours vu dans la monarchie légitime « le grand et glorieux instrument qui avait créé la France », mais comme il était avant tout un homme d'ordre et d'autorité, l'organisation de l'an VIII, en faisant passer la vie publique des mains du peuple dans celles d'un gouvernement fort, apparaissait à ses yeux comme le couronnement de l'œuvre de la royauté, le terme final d'une évolution qui se serait produite d'elle-même et tout naturellement en 1789, sans la faiblesse et l'impéritie de Louis XVI et de ses conseillers.

Aussi ne refusa-t-il pas d'entrer dans l'administration impériale, comme maire de Neufchâtel, fonctions qu'il remplit avec assez d'éclat pour mériter le titre de baron en janvier 1814. Au retour des Bourbons, il entra dans la politique active, fut député de la Seine-Inférieure, préfet dans quatre départements, les Landes, le Gard, l'Isère et la Gironde, et devint ministre de la marine, le 8 août 1829.

Si ses qualités d'administrateur l'avaient signalé à l'attention du Roi, son caractère, ses goûts et ses aspirations le désignaient assurément pour faire partie d'un cabinet appelé à inaugurer une politique de résistance. Il était le contraire de ce qu'on appelait alors un libéral, et on devait songer à lui quand il s'agissait de sauver la monarchie « ébranlée, comme il le dit lui-même, par la coalition des républicains, des bonapartistes et des libéraux, et désarmée par les concessions inefficaces du ministère Martignac ». Toutefois, convient-il de dire qu'il eut quelque hésitation à accepter le portefeuille qu'on lui offrit. La pensée d'entrer dans un cabinet de combat n'était certes pas pour lui déplaire, mais la composition du ministère lui agréait moins. Les deux principaux de ses collègues, le prince de Polignac chargé des affaires étrangères et M. de la Bourdonnaye chargé de l'intérieur, ne lui inspiraient aucune confiance. Ils n'avaient, selon lui, « ni la force, ni l'étendue d'esprit, ni le positif dans les idées, ni la connaissance de l'état de la France qu'il leur eût fallu ». Le premier, dit-il, se distinguait par « une sorte d'illuminisme aventureux »; il avait, ajoute-t-il, « une tête vide d'idées naturelles et acquises, un manque absolu d'instruction, une conversation sans fond et sans attrait »; quant au second, il montrait en toutes circonstances « cette présomption irréfléchie, cette audace résultant de l'ignorance du danger, cette répulsion pour toute idée qui ne venait pas de lui, cette maladresse d'exécution inséparable de la folie des conceptions qui sont le propre des hommes médiocres appelés aux grandes affaires et dont la mission providentielle semble être de conduire à leur perte les États, les souverains et leurs trônes ». Avec de tels sentiments sur la valeur intellectuelle ou morale des chefs réels du cabinet dont on lui proposait de faire partie, M. d'Haussez devait se faire prier pour entrer dans la combinaison. Il donna donc comme prétexte à son refus que, dénué de tout talent oratoire, il manquerait de la qualité dominante, indispensable dans la crise qu'on traversait, à savoir l'art de la parole, et qu'il ne réussirait pas devant la Chambre. Mais, sur les très vives instances du Roi, il se décida à accepter.

On sait comment fut accueilli ce ministère de contre-révolution qui fut regardé, même par des royalistes, comme un défi lancé à l'opinion. Le cri que jeta le *Journal des Débats,* en annonçant son avènement, est resté célèbre : *Malheureux roi! Malheureuse France !* Et quelques jours après, ce même journal, par la plume de Saint-Marc Girardin, stigmatisait M. de Polignac, qui représentait les idées de la première émigration, les idées de Coblentz, M. de la Bourdonnaye, qui représentait la faction de 1815, et enfin M. de Bourmont, le ministre de la guerre, qui, ayant contribué par une défection au désastre de Napoléon, représentait Waterloo... « Coblentz, Waterloo, 1815! continuait Saint-Marc Girardin, voilà les trois principes, voilà les trois personnages du ministère. Tournez-le de quelque côté que vous voudrez ; prenez nos haines d'il y a trente ans, nos douleurs et nos inquiétudes d'il y a quinze ans ; tout est là, tout s'y est donné rendez-vous pour affliger et irriter la France. Pressez, tordez ce ministère, il ne dégoutte que chagrins, malheurs et dangers... »

Celui qui écrivait, le 14 août 1829, ces lignes toutes frémissantes de colère était mauvais prophète. Le ministère du 8 août ne devait pas causer que des tristesses au pays. Il eut, en effet, l'honneur de donner à la monarchie légitime son dernier rayon de gloire : la conquête d'Alger. Le baron d'Haussez contribua plus que tout autre au succès de cette expédition. Et c'est à cette occasion qu'il déploya les brillantes qualités d'initiative, de hardiesse, de méthode et de fermeté qui font les vrais ministres.

Lors de l'arrivée aux affaires du cabinet Polignac, la question d'Alger venait d'entrer dans une phase aiguë. L'insulte faite à notre consul, M. Deval, le 30 avril 1827 avait été renouvelée le 3 août 1829 par un outrage public et prémédité au drapeau français : le vaisseau *la Provence,* qui avait conduit à Alger le contre-amiral de la Bretonnière pour y négocier avec le dey sur la conclusion d'un armistice, fut canonné en plein jour par les batteries de la ville, au moment de son appareillage, bien qu'il portât en tête de son mât le pavillon parlementaire. Onze boulets atteignirent la coque du bâtiment français, qui sortit du port calme et dédaigneux sans répondre à l'offense.

Quand ces graves nouvelles parvinrent à Paris, elles se perdirent d'abord dans l'émotion causée par le changement de ministère ; mais on ne tarda pas à y sentir l'affront qui nous avait été infligé : « en pleine lumière, dit Camille Rousset, devant les grands espaces du ciel et de la mer, sous les yeux de cinquante mille témoins émus et frémissants, aux cris d'une foule qui se rendait par ses applaudissements complice de l'attentat, le dey Hussein avait outragé le pavillon français et le pavillon parlementaire, l'honneur d'une grande nation et le droit de toutes les nations ». Une expédition décisive parut dès lors, à M. d'Haussez et à son collègue de la guerre, comme la seule réparation admissible et proportionnée à la gravité de l'injure.

Ces deux ministres estimaient, en effet, que

le blocus de la Régence, étroitement gardé depuis l'affaire de M. Deval, était une mesure insuffisante et coûteuse (1), une opération pénible, voire même dangereuse pour les navires retenus sur une côte droite et sans abris, où les coups de vent étaient particulièrement à redouter. Pour une raison d'un autre ordre, mais non moins impérieuse, quelques membres du cabinet penchaient aussi pour l'expédition, car ils espéraient y gagner la popularité qui leur faisait défaut. Dans un mémoire inédit, conservé aux Archives de la guerre, le futur maréchal Pélissier a expliqué ainsi les motifs qui faisaient agir certains collègues de M. d'Haussez : « Odieux, dit-il, à toute la partie de la nation qui préférait les idées libérales, mal vus des royalistes modérés, rencontrant même de l'opposition parmi les partisans de l'avant-dernier cabinet, les ministres du 8 août cherchèrent dans les troupes un appui que la presque totalité de la France leur refusait. Ils crurent sans doute qu'une campagne heureuse leur donnerait sur les soldats un pouvoir semblable à celui que Napoléon avait dû à

---

1. Le blocus coûtait sept millions par an.

quinze ans de victoire et que la France tremblerait devant une armée triomphante. La conquête d'Alger semblait particulièrement propre à atteindre ce but. Les anciens ravages des barbaresques étaient encore présents à la mémoire de tous les peuples. L'Europe entière leur payait des tributs plus ou moins déguisés : il y avait dans le projet d'affranchir le monde de cette longue humiliation, quelque chose de grand et de noble qui frappait tous les esprits. Tout dans cette expédition était fait pour exciter l'intérêt : faire ce que n'avait pu achever ni Charles-Quint, alors qu'il soumettait à son sceptre la moitié de l'Europe, ni Louis XIV dans toute sa grandeur, ni l'Angleterre au plus haut degré de sa puissance, rétablir la sûreté des mers, humilier les ennemis du monde chrétien, tels étaient les résultats avérés que l'on se proposait, et ces résultats étaient faits pour flatter à la fois l'amour-propre national et la piété de Charles X. Cette expédition était, du reste, la seule que l'on pût entreprendre sans troubler le repos de l'Europe, sans exciter l'inquiétude des puissances étrangères dont on voulait ménager l'amitié et au besoin s'assurer l'appui. »

Le projet d'une descente sur la terre d'Afrique, aux environs d'Alger, était étudié depuis longtemps. Sous l'Empire, un officier du génie, M. Boutin, puis Jean Bon Saint-André lui-même (qui avait été consul à Alger en 1795), avaient remis à l'Empereur deux mémoires sur la conquête de la Régence, à un moment où Napoléon rêvait de refaire dans cette province l'expédition d'Égypte. Après l'incident du coup d'éventail de M. Deval, les études avaient été reprises. Le ministre de la guerre du cabinet de Villèle, M. de Clermont-Tonnerre, avait établi la force et l'effectif du corps expéditionnaire, il avait fixé la concentration à Toulon et adopté pour point de débarquement la plage de Sidi-Ferruch, voisine d'Alger. Bref, tout était prêt en 1828 pour la conquête de l'Algérie, quand M. de Clermont-Tonnerre tomba du pouvoir avec le cabinet dont il faisait partie. Son successeur ne donna pas suite à ses projets, parce que, d'une part, l'attention des ministres fut absorbée par le souci de la politique intérieure, et que, d'autre part, des idées d'indulgence et de mansuétude à l'égard du dey prévalurent dans le conseil. Mais néanmoins les travaux préparatoires de l'expédition ayant été faits, il était possible de les reprendre et de les remettre en œuvre. C'est à quoi s'employa très vite et très résolument M. d'Haussez, dès qu'il eut pris en mains la direction des affaires maritimes. Il consulta tout ce qui avait été écrit à ce sujet dans son ministère, en s'arrêtant surtout à un rapport d'une commission composée de plusieurs officiers généraux de la guerre et de la marine, sous la présidence du général de Loverdo, qui demandait huit mois de préparatifs pour assurer le transport et le ravitaillement d'une trentaine de mille hommes et qui indiquait le mois de mai comme l'époque la plus favorable à l'opération. Quand M. d'Haussez eut arrêté les conditions d'exécuon de cette grande entreprise, il vint en parler au conseil.

La première opposition à laquelle il se heurta fut celle du Dauphin. Le fils du roi ne croyait pas à l'utilité de l'expédition et estimait qu'il suffisait d'entamer des négociations avec la Porte pour l'amener à contraindre le dey d'Alger, son feudataire, à accorder la réparation que la France était en droit d'exiger. M. d'Haussez combattit vivement cette manière d'agir, qui n'aurait eu d'autre résultat que de retarder l'heure de la réparation. Mais le Dauphin ne brillait point par la ténacité : « il était, dit M. d'Haussez, d'une indifférence qui s'étendait à tout, aux choses comme aux personnes, même à ce qui semblait devoir le toucher de plus près ». Son opposition fut, en quelque sorte, platonique. Tout autre était celle que M. de Polignac préparait à M. d'Haussez.

Le plan que le président du conseil avait élaboré, de concert avec M. Drovette, consul de France à Alexandrie, consistait à charger de l'expédition contre Alger le pacha d'Égypte, Mehemet-Ali, qui recevrait à titre d'avances, une somme de vingt-huit millions remboursable en dix années et, comme don absolu, quatre vaisseaux de ligne. Le ministre de la marine s'éleva avec véhémence contre cet arrangement qui lui parut contraire aux intérêts et à la dignité de la France. Il démontra que nous avions le droit et le devoir de venger seuls nos injures. Il se refusa énergiquement à l'exécution de la clause singulière relative à la cession des quatre vaisseaux, et annonça qu'il donnerait sa démission si cette cession était consentie. Grâce à cette attitude si ferme et si nette, — on pourrait dire si française, — la proposition du prince de Polignac fut écartée. Et quand ce dernier, expert « en tripotages diplomatiques », essaya plus tard de la reprendre en sous-main, par l'intermédiaire d'un de ses agents, il se heurta de nouveau à M. d'Haussez qui avait peu à peu gagné le roi à son opinion.

Lorsque le conseil eut approuvé[1] le principe d'une grande expédition militaire, il fallut traiter le côté diplomatique de la question et, sur ce terrain encore, bien qu'il sortît de la sphère d'action du ministre de la marine, M. d'Haussez eut une rude partie à jouer. L'Angleterre, en effet, voyait avec inquiétude et jalousie les dispositions que la France faisait pour s'emparer d'Alger. Lord Stuart, son ambassadeur à Paris, avait eu à maintes reprises des conférences sur cet objet avec M. de Polignac. N'obtenant pas du président du conseil les réponses nettes et précises qu'il souhaitait, lord Stuart se retournait volontiers vers le ministre de la marine. « Il espérait sans doute, dit M. d'Haussez, tirer de moi un meilleur parti. Un jour qu'il m'avait

---

[1]. Le 31 janvier 1830.

pressé fortement et sans plus de succès que de coutume, il ajouta que ses questions n'avaient pour objet que la confirmation de ce qu'il savait, qu'il avait découvert que nous ne songions pas sérieusement à l'expédition et que nos préparatifs ne tendaient qu'à faire peur au dey, à l'amener à composition. — Ce serait peine perdue, lui répondis-je : dans son insouciance turque le dey ignore peut-être que nous nous proposons de l'attaquer et, s'il le sait, il s'en remet à Dieu du soin de le défendre. Au reste, je puis vous déclarer, parce que nous n'en faisons pas mystère, que c'est très sérieusement que nous faisons des préparatifs. Le roi veut que l'expédition se fasse et elle se fera. — Vous croyez donc que l'on ne s'y opposera pas ?... — Sans doute, qui l'oserait ?... — Qui ?... Nous les premiers. — Milord, lui dis-je, avec une émotion qui approchait fort de la colère, je n'ai jamais souffert que, même vis-à-vis de moi, simple individu, on prît un ton de menace : je ne souffrirai pas davantage qu'on se le permette à l'égard du gouvernement dont je suis membre. Je vous ai déjà dit que je ne voulais pas traiter l'affaire diplomatiquement ; vous en trouverez la preuve dans les termes que je vais employer : la France se... moque de l'Angleterre (je substitue le mot *moque* à un terme beaucoup plus énergique, de trop mauvais ton pour être écrit). Elle fera dans cette circonstance ce qu'elle voudra, sans souffrir de contrôle. Nous ne sommes plus au temps où vous dictiez des lois à l'Europe. Votre influence était basée sur vos trésors, vos vaisseaux et une habitude de domination. Tout cela est usé. Vous ne compromettrez pas ce qui vous reste de cette influence, en allant au delà de la menace. Si vous voulez le faire, je vais vous en donner les moyens. La flotte sera prête à mettre à la voile dans les derniers jours de mai. Elle s'arrêtera pour se rallier aux îles Baléares. Elle opérera son débarquement à l'ouest d'Alger. Vous voilà informé de sa marche, vous pouvez la rencontrer, si la fantaisie vous en prend. Mais vous ne le ferez pas. Vous n'accepterez pas le défi que je vous porte, parce que vous n'êtes pas en droit de le faire... »

Il y avait quelque crânerie à tenir ce langage quinze années seulement après Waterloo. Mais la crânerie produit toujours un effet salutaire. Cette sortie, débitée sur un ton de conviction bien arrêtée, déconcerta l'ambassadeur anglais.

Les paroles hautaines de M. d'Haussez suffirent à lui faire comprendre que la France, sûre de son droit, et confiante dans ses propres forces, était résolue à une expédition sérieuse. Lord Stuart se le tint pour dit et jamais il n'osa, dans la suite, reparler de l'expédition.

La dernière opposition que rencontra M. d'Haussez (et qui ne fut pas la moins difficile à surmonter) lui vint de la Marine. Le corps expéditionnaire placé sous le commandement du général de Bourmont, qui céda pour la circonstance son portefeuille à un intérimaire, devait comprendre environ 38,000 hommes et plus de 4,000 chevaux[1]. Ce n'était pas certes une opération simple que d'effectuer le transport d'un personnel si nombreux, avec le matériel de tout genre, parc de siège, munitions et vivres, qui devait l'accompagner. C'était aussi une entreprise délicate que de débarquer dans de

---

[1]. Voici quelle fut la composition du corps expéditionnaire. La cavalerie forma un nouveau corps qui reçut le nom de « chasseurs de l'armée d'Afrique ».

Infanterie	30,906 hommes	»	
Cavalerie	534	—	550 chevaux.
Artillerie.	2,368	—	1,380 —
Génie	1,341	—	150 —
Administration, train	2,428	—	1,330 chev. ou mulets.
	37,577 hommes.		

bonnes conditions sur une côte ennemie et battue par la mer un effectif aussi considérable. Le conseil d'amirauté et les amiraux étaient presque unanimes à considérer le débarquement comme une témérité sans nom. Ceux d'entre les chefs de la marine qui n'allaient pas jusqu'à prononcer la condamnation absolue de l'expédition, s'accordaient du moins pour déclarer que les préparatifs ne seraient jamais achevés au moment de la saison favorable, c'est-à-dire au mois de mai. Les marins soutenaient toujours que huit mois de préparatifs étaient nécessaires et, comme les discussions dans le Conseil avaient fait perdre un temps précieux, on était arrivé aux premiers jours de février sans qu'aucun ordre n'eût encore été transmis aux ports. Mais M. d'Haussez avait tout organisé à l'avance, préparant les contrats avec les armateurs de navires de commerce, commandant des bateaux spéciaux pour la mise à terre ; aussi se faisait-il fort d'avoir prêts à l'heure dite, non seulement l'escadre, mais l'immense convoi de 400 voiles nécessaires au transport des troupes.

Étranger aux connaissances théoriques du métier de marin, M. d'Haussez se gardait bien de discuter avec ses subordonnés les conditions dans lesquelles pouvait se faire le débarquement du corps expéditionnaire. Mais en relisant l'histoire, il ne pouvait s'empêcher de remarquer qu'aucune des nombreuses expéditions tentées sur les côtes d'Afrique n'avait manqué par le fait du débarquement, et il en concluait qu'en plein XIXe siècle, avec les progrès de l'art naval et ses immenses ressources, la France « devait pouvoir faire ce que les Romains, l'Europe du moyen âge, les Espagnols, les Français et les Anglais en Égypte avaient fait avec succès ». M. d'Haussez était d'ailleurs, il faut le dire, encouragé dans cette opinion par les renseignements que lui avaient fournis deux capitaines de frégate MM. Gay de Taradel et Dupetit-Thouars. Ces officiers, employés depuis deux ans au blocus d'Alger, avaient la connaissance du régime des vents et des courants de la côte d'Afrique, ils avaient l'expérience complète des parages avoisinant Alger et ils avaient donné au ministre, sur la possibilité d'un débarquement, des explications si nettes et si positives, qu'elles avaient rendu sa résolution inébranlable.

On discuta leur opinion dans une conférence

quasi solennelle à laquelle ils assistaient avec plusieurs officiers généraux de l'armée de terre, les amiraux présents à Paris et les ministres. Les deux capitaines de frégate soutinrent leur plan avec fermeté et de manière à le faire prévaloir. Cela donna lieu à une scène fort animée que M. d'Haussez raconte en détail et qu'il faut transcrire ici. « L'amiral Roussin, dit-il, fut chargé de les combattre. Il termina son discours en disant que je ne trouverais pas un officier général qui voulût assumer la responsabilité de l'expédition. — Monsieur, lui dis-je, j'avais compté sur vous pour la commander ; voici un projet d'ordonnance qui vous conférait le grade de vice-amiral ; en voici un autre qui vous conférait le commandement. Comme je ne veux présenter au choix du roi qu'un amiral qui ait confiance dans le succès, j'en chercherai un autre. Et je déchirai les deux ordonnances. — Je doute, reprit-il, que vous en trouviez. — S'il ne s'en présente pas parmi les amiraux, j'en trouverai parmi les officiers d'un grade inférieur. L'expédition ne manquera pas faute d'un officier qui veuille la commander. Cette manière de me prononcer fit taire les opposants. »

Ce fut le vice-amiral Duperré qui reçut le commandement de la flotte. La brillante réputation qu'il s'était acquise dans sa campagne de la mer des Indes à la fin du premier Empire le désignait pour ce poste d'honneur de préférence aux amiraux de Rigny et Halgan. Malheureusement, lui non plus n'était pas partisan de l'expédition et il sembla, comme dit M. d'Haussez, n'obéir qu'à regret. Il mit plus de huit jours à accuser réception de sa lettre de commandement. Ayant enfin accepté la haute mission qu'on lui avait offerte, il éleva bientôt des doutes sur le succès final, il fit entendre ses craintes de n'être pas en mesure à l'époque voulue. Ces craintes et ces doutes, exprimés sans ménagement, réveillèrent l'opposition qui déjà s'était beaucoup apaisée et les choses prirent ainsi une nouvelle tournure.

C'en était trop. M. d'Haussez, lassé de cette petite guerre intestine, prit alors un parti énergique. Il intima à l'amiral Duperré l'ordre de quitter Paris immédiatement et de se rendre à Toulon pour s'y occuper de l'armement de ses navires. En même temps il exigea qu'on fût prêt en trois mois au lieu de huit. Comme on était au

12 mars, ce délai remettait au plus tard au 12 juin l'appareillage de la flotte.

Voici quelle en était la composition :

1° *Escadre de bataille :* 3 vaisseaux, 14 frégates, 2 bricks ; en tout 19 navires ;

2° *Escadre de débarquement :* 8 vaisseaux armés en flûte, 6 frégates, 4 bricks ou corvettes ; en tout 18 navires ;

3° *Escadre de réserve :* 34 bricks, goélettes et bombardes ;

4° *Convoi :* 347 navires affrétés, plus une escorte de 12 bâtiments de guerre ;

5° *Flottille de débarquement :* 100 bateaux de pêche, 40 grandes chaloupes, 55 chalands (embarqués sur les vaisseaux), ayant pour escorte les 7 navires à vapeur à roues dont la marine disposait alors.

Cette imposante *armada* de 586 voiles ne pouvait être réunie dans le délai fixé qu'au prix d'efforts considérables. Ces efforts furent accomplis. La confiance superbe du ministre étonna, puis gagna les plus incrédules. A Toulon, dans tous les arsenaux et ports de guerre, on travailla sans relâche ; les ateliers et magasins étaient ouverts jour et nuit, et l'amiral Duperré, revenu promptement de ses doutes, put se féliciter de l'ardeur que l'on témoignait autour de lui. M. d'Haussez a, d'ailleurs, rendu justice au zèle de la marine : « L'hésitation que j'avais rencontrée avait cessé, dit-il, dès que la résolution de faire l'expédition avait été prise. Tous montraient une égale ardeur à me seconder, et le télégraphe, sans cesse en mouvement, portait des ordres dont l'exécution n'éprouvait ni retards ni mauvaise volonté. » Piquée au vif, parce qu'elle savait que l'armée attendait la fin de ses préparatifs pour faire embarquer ses soldats, la marine n'eut plus qu'une pensée : éblouir par son activité prodigieuse. Elle y réussit si bien que le 25 mai, vingt jours avant la date prévue, les vaisseaux de l'amiral Duperré vidaient la rade de Toulon pour aller jeter sur la terre d'Afrique les futurs conquérants d'Alger.

Les événements donnèrent pleine raison à M. d'Haussez : la flotte ayant été prête à l'époque favorable, le débarquement de Sidi-Ferruch s'effectua sans encombres. Ainsi, le ministre de la marine, apportant dans cette question toute la ténacité d'un homme fort d'une opinion qu'il savait être bonne, avait triomphé tour à tour de tous les obstacles accumulés sur sa route : opposition du Dauphin, machinations de M. de Polignac, hostilité de l'Angleterre, hésitations de la marine. Et grâce à la persévérance de ses efforts, le gouvernement qu'il servait donna à la France la plus riche, la plus enviable de ses possessions d'outre-mer.

Les services rendus par M. d'Haussez lui assureront l'honneur qu'il ambitionnait, celui d'avoir son nom « classé parmi ceux des ministres dont la marine conservera le souvenir ».

TABLE DES MATIÈRES

La marine et la proclamation de la première République. 1
L'adoption du pavillon tricolore dans la marine . . 35
La livraison de Toulon aux Anglais (1793) 81
Le combat du *Ça-Ira* (14-15 mars 1795). 145
Les plans maritimes du Directoire 167
Brueys à Aboukir (1er août 1798) 177
L'Odyssée d'un marin royaliste sous le Consulat et l'Empire. 245
Napoléon et la marine 283
Un ministre d'autrefois 303

Nancy, impr. Berger-Levrault et Cie.

BERGER-LEVRAULT ET Cie, LIBRAIRES-ÉDITEURS
PARIS, 5, rue des Beaux-Arts. — 18, rue des Glacis, NANCY.

DU MÊME AUTEUR :

L'Escadre de l'Amiral Courbet. Illustration par M. BROSSARD DE CORBIGNY. 1894. Très beau volume grand in-8 jésus de 360 pages, avec 160 dessins au lavis (planches hors texte, vignettes, têtes de chapitre, culs-de-lampe), 10 croquis cartographiques et portrait. Broché sous couverture illustrée . . . . . **10 fr.**
— *Le même ouvrage.* 6e édit., in-12. 1892, avec portrait et 10 cartes, br. **3 fr. 50 c.**

Les Armements maritimes en Europe, par Maurice LEROI, officier de marine en retraite. 1889. Volume in-12, broché . . . . **3 fr. 50 c.**

Histoire de la Conquête du Soudan français (1878-1899), par le lieutenant GATELET, du 14e régiment de chasseurs à cheval, avec 13 croquis dans le texte et 13 cartes hors texte. 1901. Un beau vol. in-8 de 531 p., br. . **10 fr.**

Rapport sur l'Expédition de Madagascar, par le général DUCHESNE. Adressé le 25 avril 1896 au Ministre de la guerre. Suivi de tous les documents militaires, diplomatiques et parlementaires, relatifs à l'expédition de 1895. Avec 16 cartes, croquis ou itinéraires, en noir et en couleurs, dressés d'après les travaux du service géographique du corps expéditionnaire. 1897. Un volume in-8 de 437 pages, broché, et un atlas . . . . **12 fr.**

La Guerre au Dahomey. 1re partie : 1888-1893, d'après les documents officiels, par Ed. AUBLET, capitaine d'infanterie de marine, officier d'ordonnance du Ministre de la marine. Un beau volume in-8 de 358 pages, avec un portrait, 21 croquis et 2 cartes, broché. . . . . **7 fr. 50 c.**
— 2e Partie : **La Conquête du Dahomey (1893-1894)**, par le même. Un volume in-8, avec 5 croquis et 1 carte, broché. . . . . **5 fr.**

La Vie militaire au Tonkin, par le capitaine LECOMTE, attaché à l'état-major du corps expéditionnaire du Tonkin. 1893. Volume grand in-8 de 359 pages, avec 70 illustrations par M. DAUPHIN, broché . . . . **10 fr.**
Relié en percaline gaufrée, plaques spéciales, tête dorée . . . . **12 fr. 50 c.**

L'Armée française au Tonkin. Marche de Lang-Son à Tuyen-Quan. Combat de Hoa-Moc, déblocus de Tuyen-Quan (13 février — 3 mars 1885), par le même. 1889. Vol. in-8, avec 10 cartes et croquis hors texte, br. **3 fr. 50 c.**

L'Armée française au Tonkin. Le Guet-apens de Bac-Lé, par le même. 1890. Volume in-12, avec 21 illustrations par M. DAUPHIN et 3 cartes, broché sous couverture illustrée . . . . **3 fr.**
Ouvrages couronnés par l'Académie des sciences morales et politiques.
(Prix Audiffred 1898.)

Histoire de l'Expédition de Cochinchine en 1861, par le contre-amiral L. PALLU DE LA BARRIÈRE. Nouvelle édition. 1882. Volume grand in-8, avec 3 cartes, broché. . . . . **7 fr. 50 c.**

Au Régiment — En Escadre, par ARDOUIN-DUMAZET et Paul GERS, préface de M. MÉZIÈRES, de l'Académie française. 1894. Un magnifique volume grand in-8 de 344 pages, imprimé sur fort papier vélin, avec 350 photographies instantanées, prises en majeure partie à l'occasion des voyages présidentiels de M. Carnot en 1893. Broché sous une élégante couverture illustrée. . . **16 fr.**
Relié en percaline gaufrée, plaques spéciales, tête dorée . . . . . . **18 fr.**

L'Armée navale en 1893. L'escadre russe en Provence. La défense de la Corse, par ARDOUIN-DUMAZET. Joli volume in-12 de 444 pages, avec 27 croquis ou vues et une carte de la Corse, broché . . . . **5 fr.**

L'Armée et la Flotte en 1894. Manœuvres navales. Manœuvres de Beauce. Manœuvres de forteresse, par ARDOUIN-DUMAZET. 1895. Un volume in-12, avec illustrations de Paul LÉONNEC et de nombreux croquis et cartes, broché. **5 fr.**

L'Armée et la Flotte en 1895. Manœuvres navales. Manœuvres des Vosges. L'expédition de Madagascar, par ARDOUIN-DUMAZET. 1896. Un volume in-12, avec de nombreuses cartes, broché sous couverture illustrée. . . . . **5 fr.**

Histoire de l'Armée coloniale, par NED NOLL. 1897. Un volume in-8, avec illustrations de M. NAYEL, broché . . . . **2 fr. 50 c.**

BERGER-LEVRAULT ET Cie, LIBRAIRES-ÉDITEURS
PARIS, 5, rue des Beaux-Arts. — 18, rue des Glacis, NANCY.

LES
VERTUS GUERRIÈRES
LIVRE DU SOLDAT
PAR LE
Général THOUMAS

Volume in-12, broché. . . **3 fr.** — Cartonné. . . . **3 fr. 50 c.**

LES TRANSFORMATIONS
DE L'ARMÉE FRANÇAISE
ESSAI D'HISTOIRE ET DE CRITIQUE
SUR L'ÉTAT MILITAIRE DE LA FRANCE

PAR LE
Général THOUMAS

Deux volumes grand in-8, brochés. . . . . **18 fr.**

ESSAI
D'INSTRUCTION MORALE
Par Prosper SIMON
LIEUTENANT DE VAISSEAU

In-18, broché . . . . **25 centimes.**

BERGER-LEVRAULT ET Cie, LIBRAIRES-ÉDITEURS
PARIS, 5, rue des Beaux-Arts. — 18, rue des Glacis, **NANCY**.

MES CAMPAGNES
PAR UNE FEMME (C. VRAY)

AUTOUR DE MADAGASCAR

Un volume in-12, couverture illustrée en couleurs . . . 3 fr. 50 c.

SILHOUETTES TONKINOISES
Par Louis PEYTRAL

Un volume in-12, illustré par GAYAC

Broché sous couverture illustrée . . . . 3 fr. 50 c.

Lettres d'un Zouave
DE CONSTANTINE A SÉBASTOPOL
Par Amédée DELORME

Un vol. in-12, broché sous couverture illustrée en couleurs. **3 fr. 50** c.

Sous la Chéchia
CARNET D'UN ZOUAVE
DE LA KABYLIE A PALESTRO (1856-1859)
Par Amédée DELORME

Un volume in-12, broché, couverture illustrée. . . . . 3 fr. 50 c.

BERGER-LEVRAULT ET Cⁱᵉ, LIBRAIRES-ÉDITEURS
PARIS, 5, rue des Beaux-Arts. — 18, rue des Glacis, NANCY.

Histoire des Flottes militaires, par Ch. CHABAUD-ARNAULT, capitaine de frégate. (*Bibliothèque du marin.*) 1889. Volume in-8, avec 10 plans de bataille, broché. (Ouvrage adopté pour l'École navale.) . . . . 6 fr.

Tableau général de l'Histoire maritime contemporaine, par Ch. CHABAUD-ARNAULT, capitaine de frégate. 1881. Grand in-8, broché. . . . . 4 fr.

Un Livre d'or de la Marine française, Commandants d'escadres, de divisions et de bâtiments de guerre, morts à l'ennemi de 1217 à 1900, par M. DELPEUCH, lieutenant de vaisseau. Un volume in-8, broché . . . . 3 fr.

Nos Marins (*Vice-amiraux, Contre-amiraux, Officiers généraux des troupes de la marine et des corps entretenus*), par Étienne TRÉFEU. Préface par Ferdinand DE LESSEPS. 1888. Un beau volume in-8 de 771 pages, avec 166 illustrations par Ernest LANGLOIS et GINO, broché . . . . 10 fr.
Relié en percaline gaufrée, tête dorée, plaques spéciales . . . . 13 fr.

Biographies et Récits maritimes. *Voyages et combats*, par Eugène FABRE, sous-directeur au Ministère de la marine et des colonies. 1ʳᵉ série : Une famille de marins, les Bouvet. 1885. Vol. in-8, titre rouge et noir, avec portr., br. 6 fr.
— 2ᵉ série : Le Contre-amiral Bouvet. — Nos corsaires. 1886. Avec 2 portraits . . . . 7 fr. 50 c.

L'Amiral du Casse, chevalier de la Toison d'or (1646-1715). *Étude sur la France maritime et coloniale* (règne de Louis XIV), par le baron Robert DU CASSE, attaché au Ministère des affaires étrangères. 1876. Un volume in-8, br. . . 6 fr.

Historique du Vaisseau « la Couronne », par Émile BERTRAND, enseigne de vaisseau. 1894. Un volume in-12, broché. . . . . 1 fr. 50 c.

L'Enseigne de vaisseau Bisson mort glorieusement, le 4 novembre 1827, en faisant sauter le *Payanoti*, par Louis D'HAUCOUR, rédacteur au Ministère de la marine. 1896. In-12, avec 2 portraits, broché . . . . 1 fr.

Les Marins de la flottille et les Ouvriers militaires pendant la campagne de 1809 en Autriche, par le commandant S.... (Publication de la société *La Sabretache*.) I. 1896. Grand in-8, broché . . . . 2 fr.

La Marine de la Régence d'Alger avant la conquête, par A. LACOUR, agent du commissariat de la marine. 1883. Grand in-8. . . . . 1 fr. 25 c.

Monographie de la Marine française en Algérie, par M. LACOUR, commis du commissariat de la marine. 1877. Grand in-8. . . . . . . 1 fr. 50 c.

Expédition de 1830 et Prise d'Alger par les Français. Organisation et rôle de l'artillerie du corps expéditionnaire, par Gabriel ROUQUEROL, capitaine d'artillerie. Un volume in-8 avec 4 planches, broché. . . . . . . 2 fr. 50 c.

La Guerre aux Iles de France et Bourbon, 1809-1810, par H. DE POYEN, colonel de l'artillerie de la marine. 1896. Un volume in-8 de 151 pages, avec 7 cartes et plans, broché. . . . . 3 fr. 50 c.

Les Guerres des Antilles de 1793 à 1815, par H. DE POYEN, colonel de l'artillerie de la marine. 1896. Vol. in-8 de 456 p., avec 7 cartes, br. 7 fr. 50 c.

Histoire militaire de la Révolution de Saint-Domingue, par H. DE POYEN, colonel de l'artillerie de la marine. 1899. Un volume in-8 de 560 pages, avec 17 cartes, broché . . . . 12 fr.

La Guerre maritime dans l'Inde sous le Consulat et l'Empire, par E. FABRE, sous-directeur au Ministère de la marine et des colonies. 1883. Grand in-8, broché. . . . . 3 fr. 50 c.

La première Escadre de la France dans les Indes, par Théodore DELORT, lieutenant de vaisseau. 1876. In-8, broché. . . . . 3 fr. 50 c.

L'Amirauté française. Son histoire; ses transformations; état actuel, par Marcel R. DU VERDIER, sous-commissaire de la marine. 1895. Grand in-8, broché . . . . 4 fr. 50 c.

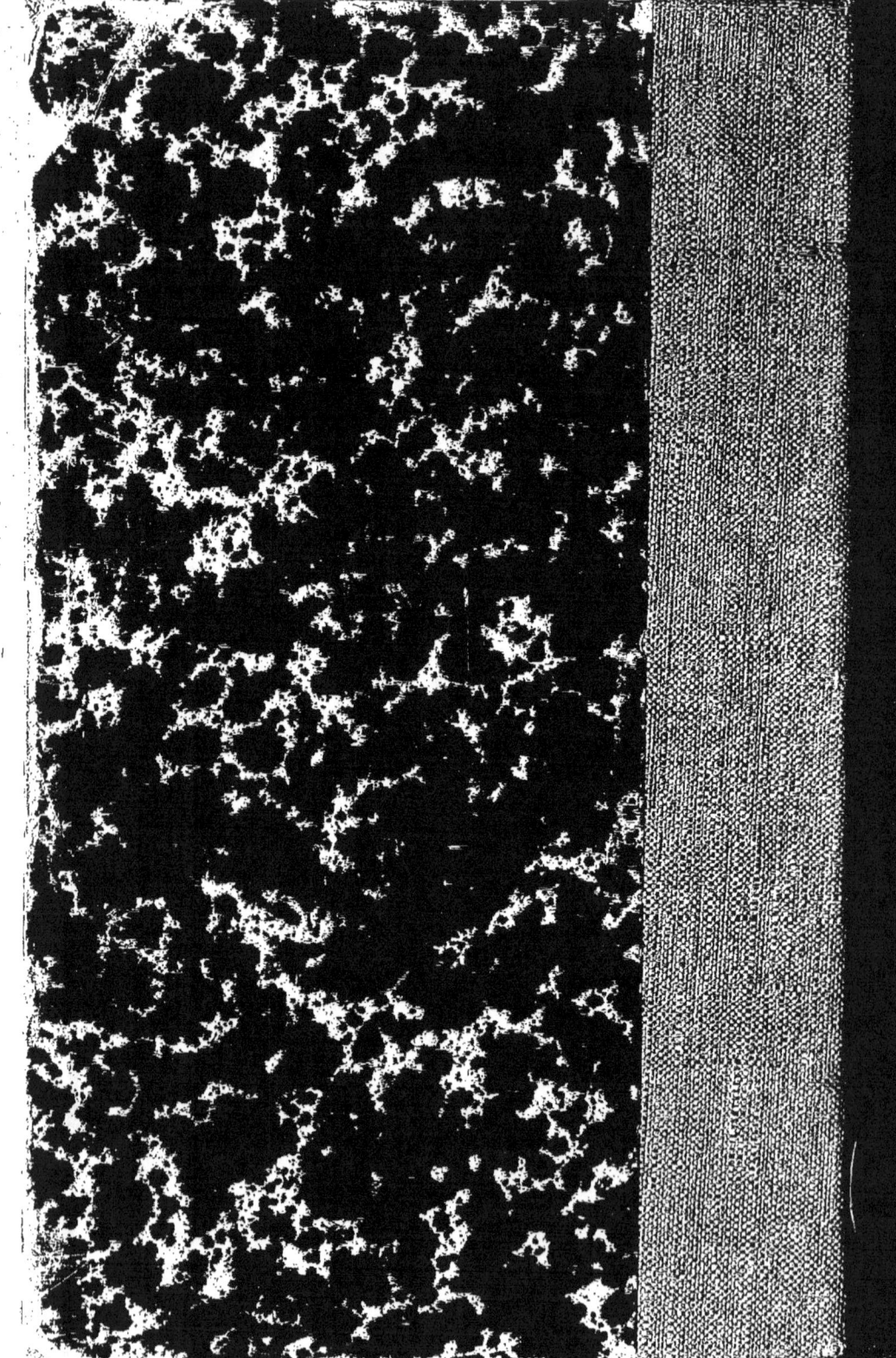

www.ingramcontent.com/pod-product-compliance
Lightning Source LLC
Chambersburg PA
CBHW072009150426
43194CB00008B/1047